U0466636

中国工业发展之路

安源煤矿

中国科学技术协会　组编
李小建　孙正风　编著

中国科学技术出版社
中共中央党校出版社
·北京·

图书在版编目（CIP）数据

安源煤矿 / 李小建，孙正风编著 . -- 北京：中国科学技术出版社：中共中央党校出版社，2022.10

（红色工业）

ISBN 978-7-5046-8989-4

Ⅰ.①安… Ⅱ.①李…②孙… Ⅲ.①萍乡煤矿—工业史—史料 Ⅳ.① F426.21

中国版本图书馆 CIP 数据核字（2021）第 040318 号

总策划	郭　哲　秦德继
策划编辑	李　洁　符晓静　张敬一
责任编辑	李　洁　史朋飞　桑月月
封面设计	北京潜龙
正文设计	中文天地
责任校对	邓雪梅
责任印制	徐　飞

出　　版	中国科学技术出版社　中共中央党校出版社
发　　行	中国科学技术出版社有限公司发行部　中共中央党校出版社
地　　址	北京市海淀区中关村南大街 16 号
邮　　编	100081
发行电话	010-62173865
传　　真	010-62173081
网　　址	http://www.cspbooks.com.cn

开　　本	720mm×1000mm　1/16
字　　数	160 千字
印　　张	16.25
版　　次	2022 年 10 月第 1 版
印　　次	2022 年 10 月第 1 次印刷
印　　刷	北京顶佳世纪印刷有限公司
书　　号	ISBN 978-7-5046-8989-4 / F・928
定　　价	69.00 元

（凡购买本社图书，如有缺页、倒页、脱页者，本社发行部负责调换）

不忘初心，方得始终

  鸦片战争以来，为了改变中华民族的命运，一代代仁人志士苦苦寻求救亡图存、民族复兴的道路。但是，从洋务运动的"自强求富"、维新派的"工商立国"、民族资本家的"实业救国"到割据军阀的"实业计划"等，均以失败告终。旧中国工业发展历程证明，没有先进理论的指导，任何政党和团体都不能带领中国完成工业革命，更不能完成社会革命和实现民族复兴。

  1921年，中国共产党在嘉兴南湖一条游船上诞生。从此，中国共产党领导中国人民披荆斩棘、筚路蓝缕、艰苦创业、砥砺奋进，走过了艰难曲折的奋斗历程，创造了举世瞩目的辉煌成就，书写了波澜壮阔的历史画卷，留下了弥足珍贵的精神财富。

  中国共产党成立伊始，就与工人阶级紧密联系在一起。安源煤矿、京汉铁路、香港海员的工人运动的胜利，展现了中国工人阶级坚定的革命性和伟大的斗争力量。中国共产党走上武装斗争道路之后，红色工矿企业成为革命物资的重要支撑，人民军工从一开始就确立了听党指挥跟党走的血脉基因。中央苏区时期先后创办了官田中央红军兵工厂、造币厂、纺织厂、西华山钨矿、公营纸厂等；安源煤矿、水口山铅锌矿等的产业工人是红军重要的技术兵种来源。抗日战争时期，军工部门领导成立了边区机器厂、延长油矿、盐矿、煤矿、黄崖洞兵工厂等，为坚持敌后抗日战争、夺取抗日战争的最后胜利做出了重要贡献，同时培养出刘鼎、李强、沈鸿、吴运铎、刘贵福等一大批军工骨干。解放战争时期，在东北解放区接收、创办了我军历史上第一个大型现代化兵工联合企业——建新工业公司，为中华人民共和国的建立做出了不可磨灭的贡献；东北铁路总局掌握的运输力量，为解放战争提供了重要后勤支持。

中华人民共和国成立后，在中国共产党的带领下，全国人民艰苦奋斗，在"一穷二白"的基础上，经过"三年恢复期"和两个"五年计划"，建立了独立且较为完整的基础工业体系和国防工业骨架。"三五"时期开始的三线建设提高了国家的国防能力，改善了我国国民经济布局。20世纪70年代初期，在国际形势缓和的形势下，开始了从美国、法国、日本等大规模引进成套技术设备的"四三方案"和"八二方案"，开始同西方发达国家进行大规模的交流与合作。

中华人民共和国成立后的近30年，中国共产党领导中国人民走完了西方发达国家上百年才走完的工业化道路，为改革开放后的全面腾飞打下了坚实基础。如今，中国已成为覆盖联合国产业分类中所有工业门类的制造业大国，工业增加值居全球首位。中国工业建设所取得的巨大成就，完美诠释了中国共产党为中国人民谋幸福、为中华民族谋复兴的初心和使命。

中国科协作为中国共产党领导下的人民团体，是广大科技工作者的精神家园。记录中国革命、建设、改革、复兴事业不断前进的艰辛历程，发掘工业遗产中蕴含的红色元素，以红色工业故事为切口讲好历史，传颂广大科技工作者、工人劳模的光辉事迹，传承好红色基因，赓续红色精神血脉，是科协组织义不容辞的责任。

百年征程波澜壮阔，百年初心历久弥坚。在加快建设科技强国、实现高水平科技自立自强的目标的引领下，新时代的科技工作者应该从党的百年光辉历程中汲取历史营养，汇聚奋进力量，始终听党话，永远跟党走，大力弘扬和践行以"爱国、创新、求实、奉献、协同、育人"为核心的科学家精神，以永不懈怠的精神状态和一往无前的奋斗姿态勇担建设科技强国的历史使命，推动新时代科技事业高质量发展，在建设社会主义现代化国家的新征程中做出更大贡献！

不忘激情燃烧的红色岁月，奋进波澜壮阔的强国之路，谨以此书系献礼中国共产党第二十次全国代表大会。

中国科协党组成员、书记处书记

"红色工业"丛书编辑委员会

主　任：申金升
副主任：石　楠　张柏春
成　员（按姓氏笔画排序）：
　　　　于海宏　史朋飞　冯立昇　毕海滨　刘　萱
　　　　刘向东　刘伯英　齐　放　李　洁　杨　玲
　　　　吴善超　陈　玲　陈东林　符晓静　潜　伟

主　编：申金升　潜　伟
副主编：毕海滨　刘向东
编写组（按姓氏笔画排序）：
　　　　王巧然　亢　宾　冯书静　孙正风　李小建
　　　　武月清　赵其红

目录
CONTENTS

001 / 第1章
安源工人的苦难生活

011 / 第2章
毛泽东安源播火种

029 / 第3章
安源大罢工

057 / 第4章
东方的小莫斯科

065 / 第5章
打破"包工制",实现工人自治

081 / 第6章
创办工人消费合作社

107 / 第7章
秋收起义

121 / 第 8 章
中华人民共和国成立初期的萍矿

141 / 第 9 章
建设江南大矿

175 / 第 10 章
多种经营，三分天下有其二

215 / 第 11 章
崛起的萍矿

235 / 第 12 章
推进战略重组，让希望的航船扬帆远航

248 / 参考文献

红色
工业

第 1 章
CHAPTER ONE

安源工人的苦难生活

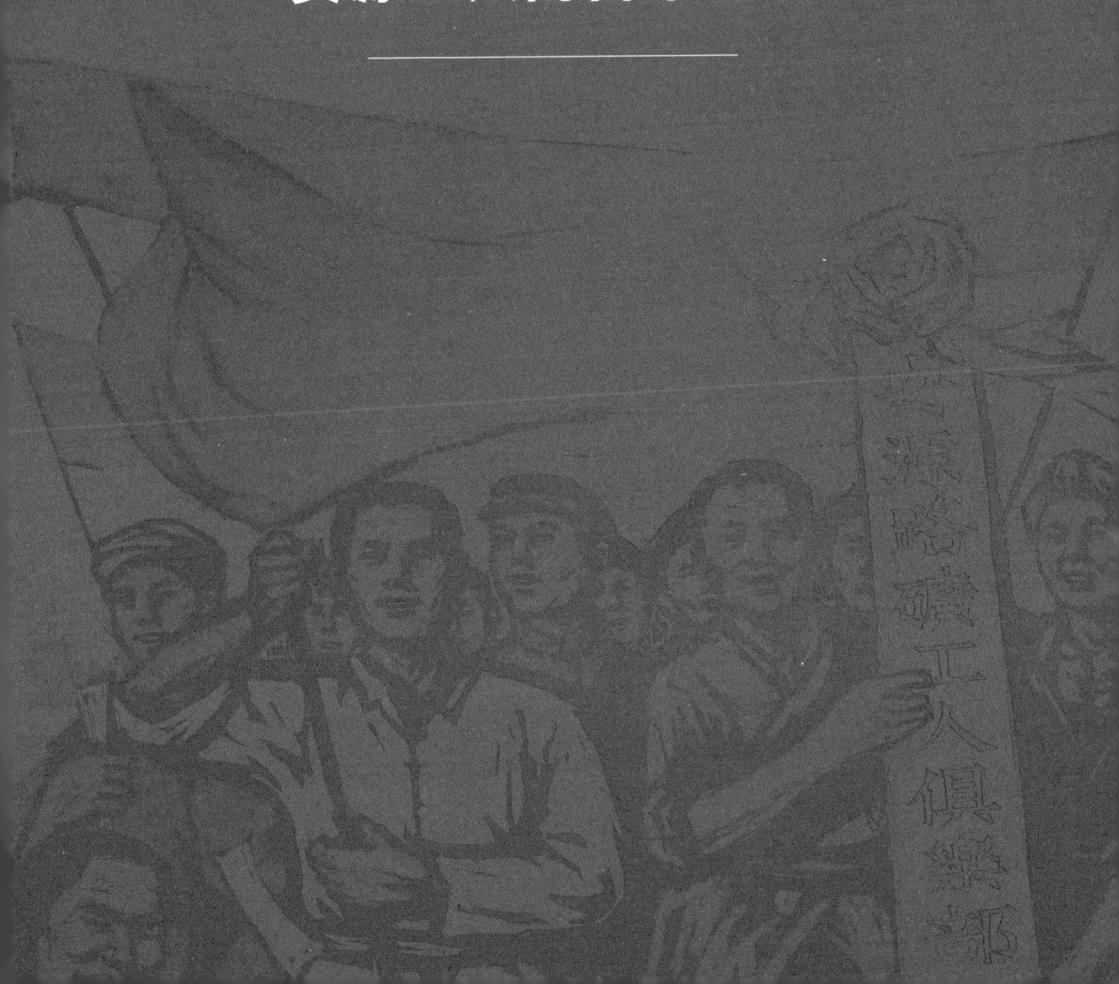

安源煤矿建于一个动乱的年代,虽然堪称当时国内最先进的企业,但其采煤方式仍是原始的手工挖煤、人工拖运。工人的苦况甚于牛马,还要遭受工头、矿局警察、黑社会等的数重剥削和压迫,安源工人的生活苦不堪言……

安源煤矿位于江西省西部,东部邻宜春,南部与安福、莲花接壤,北部与湖南浏阳相连,西部与醴陵、攸县毗邻。距县城 7 千米,因地处安源小山村,故称安源煤矿,又名萍乡煤矿。盛宣怀自 1896 年 5 月接办汉阳铁厂后,因缺乏煤焦,于 1898 年 3 月开办了萍乡煤矿,将萍乡的煤焦通过株萍铁路和水路运到湖北的汉阳和大冶冶炼钢铁。1908 年,他将汉阳铁厂、大冶铁矿、萍乡煤矿三家合并为汉冶萍煤铁厂矿有限责任公司,总公司设在上海,是当时亚洲最大、中国唯一的煤炭钢铁托拉斯[*]。萍乡煤矿与株萍铁路合称安源路矿,有工人 13000 多名,是湖南、江西两省最大的企业。

萍乡煤矿虽然是当时我国国内最先进的企业,但采煤方式仍采用原始的手工挖煤、人工拖运的落后手段,挖煤的称挖手,挑煤的称挑工。据 1896 年 6 月 13 日汉阳铁厂驻萍购煤局许寅挥给盛宣怀的函件中记述:"悉见挑工苦况甚于牛马。"

[*] 托拉斯,英文"trust"的音译。托拉斯是若干性质相同或互有关联的企业为了独占市场、获取高额利润组成的垄断组织。1879 年最先在美国出现,如美孚石油托拉斯、威士忌托拉斯等。托拉斯本身是一个独立的企业组织,参加者在法律上和业务上完全丧失了独立性,而由托拉斯的董事会掌握所属全部企业的生产、销售和财务活动。原来的企业主为托拉斯的股东,按照股权的多少分得利润。

第 1 章　安源工人的苦难生活

△ 汉阳铁厂

△ 大冶铁矿

△ 安源煤矿

△ 上海汉冶萍煤铁厂矿有限责任公司

安源工人劳作、生活之苦况世间少有。工人要遭受数重的直接剥削和压迫。

第一重是工头的剥削和压迫。安源煤矿有大小工头400多名，工人不受矿局直接监管，而是由工头直接管理，大工头从矿局承包工程后分包给小工头，小工头管理着若干个工作小组，小组长被称为管班，由其带领工人工作。也就是说，工头是不做事的，而是剥削工人的。总监工王鸿卿，工人称他"土三胡子"，他一个月收入数千元*，相较而言，工人的工资微乎其微。从

* 刘少奇、朱少连在《安源路矿工人俱乐部略史》中说："其中尤以出卖工头职位每月收入数千元（的）总监工王鸿卿（鄂人）为最厉。"

事采煤、支柱的大工每月工资7.5元；拖煤、拖料、砌石垛的小工每月工资5.5元，为矿长工资的1/100。

第二重是工头勾结职员的剥削和压迫。萍乡煤矿有400多名职员，他们与工头联合起来欺压工人。工头为了获得更多利益，便采用各种造假手段，如"吃点""买空""做窿"等。"吃点"就是让少量工人做事，多报工人的班，多出来的工资就归了工头。"买空"就是多报产量，多出来的部分归工头。"做窿"

△ 总平巷口把守的监工

△ 安源工人采煤的场景

即多计掘进巷道的长度，而多收的部分归工头。萍矿对煤质实行奖罚制度，设有化验处，负责煤质化验，因此，化验专家拥有对工头的奖罚权。工头送钱给化验专家，检验出的灰分立降，否则升，工头必须经常送钱给化验专家，而所送的钱又出在工人身上。工头多出来的账目必须经过职员做工账冲销或分得，工头就是这样与职员上下其手剥削工人。

第三重，矿局警察的剥削和压迫。萍乡煤矿最多的时候有900名矿警，工人稍有过错便抓去受刑罚，刑具有木枷、楔子、皮鞭、棍子、烙铁、绳子、竹夹、站笼等，通过刑罚对工人进行镇压。

第四重，安源地区黑社会横行，工人进矿还要加入一些社会团体，以得到他们的"保护"；否则，人身安全得不到保障。但是，被保护就要交一定金额的"保护费"。

第五重，商家的剥削。矿上规定每半个月发一次工饷，到了发饷的日子，物价就飞涨，工人收入本来就低，这样一来，生活更是朝不保夕，但也只能忍受商家的盘剥。

第六重，灾害事故。煤矿常发生的有水灾、火灾、瓦斯爆炸、顶板事故、煤尘爆炸等灾害，萍乡煤矿建造的虽为近代机械化矿井，但自创办以来，亦时有事故发生。据不完全统计，1908—1928年，在这个年产煤炭百万吨水平的矿井内，因事故死亡的矿工有258人，平均每年死亡13人，每开采100万吨煤炭死亡17人。

第七重，生活的惰性。安源又被称为"销金窝"，妓院、赌馆、鸦片烟馆众多，煤矿工人受这些诱惑，挣来的血汗钱全进了"销金窝"。

这重重的压迫和剥削，使安源工人形成了轻生重义的思想。安源工人自古就具有反抗压迫的精神，大的反抗斗争有1900年的义和团起义、1906年的萍浏醴起义和1919年反对德国人欺侮中国工人的斗争，其中由孙中山、黄兴领导的萍浏醴起义更是震动华夏，并被载入史册,被认为是辛亥革命的一次重大演习*。可是,安源工人的每次斗争,由于没有正确的领导,他们或是蛮干,或是被会党利用,结果都失败了。

* 《安源路矿工人运动史》中有记述:萍浏醴起义是同盟会成立后举行的一次武装起义。是辛亥武昌起义前规模最大的一次起义。起义虽失败了,但它沉重地打击了帝国主义及清王朝,极大地教育和鼓舞了革命党人和人民群众,因此被称为辛亥革命的一次重大演习。

红色工业

第 2 章
CHAPTER TWO

毛泽东安源播火种

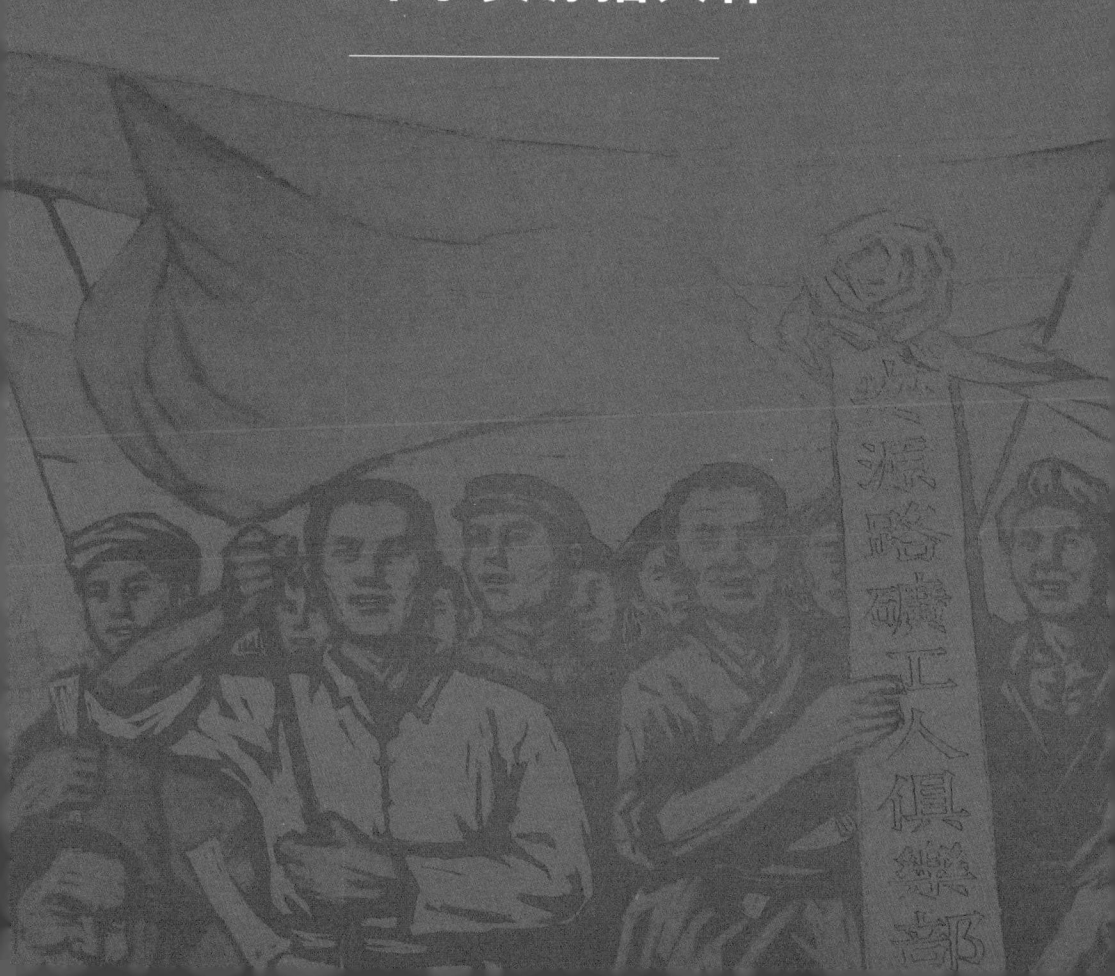

早期共产党人最懂人民的苦难,更希望救人民于水火。中国共产党第一次代表大会后决定组织工人发动工人运动,毛泽东将目光锁定在了安源煤矿。经过实地走访调查,毛泽东更加坚定了组织安源工人进行反抗。而在反抗前的蓄势阶段,中国共产党人做了大量的工作,在安源播下了革命的火种。

1921年，中国共产党第一次代表大会后成立了中国劳动组合书记部，并决定中国共产党当时的任务就是组织和发动铁路、矿山和海员工人运动，形成工人运动的热潮。毛泽东回到湖南就开始考虑怎样发动和组织湖南的工人运动。萍乡煤矿距湖南长沙不远，通有铁路，因此，毛泽东决定到安源调查中国产业工人的状况。

1921年秋，毛泽东以湖南第一师范学校附属小学主事（校长）的公开身份到安源进行调查*。下矿井要找到毛紫云，毛紫云是毛泽东亲戚的故友、萍乡煤矿西平巷二段段长，经他许可才能下井。毛紫云安排了在他家挑水的工人张竹林带毛泽东去矿井下看看。

* 1921年秋，毛泽东到安源考察路矿的情形，为安源工人运动做准备。主要依据是李立三的三次回忆、李六如的两次回忆和毛泽东本人的回忆。李立三在1959年1月10日接受北京大学历史系王兴等访问时回忆：在他奉派到安源工作前，毛泽东已经到安源做过调查。1963年6月，李立三接受中国人民大学党史系张培森等采访时再次确认了这一点，他说："我是1921年11月被毛主席派到安源工作的，毛主席去安源比我早，大概是1921年八九月间，他在安源时同工人有过来往，其中有周镜泉、李涤生等人。"1963年8月4日，《人民日报》发表李立三的《看了〈燎原〉以后》中写道："1921年秋我们党建立不久，毛泽东同志很快就到安源做了一段调查研究工作。"李六如在1961年出版的《六十年的变迁》中记述了自己到安源参观的情形。根据书中的记述，在李六如到安源参观和李立三奉派到安源工作前，毛泽东到安源做过调查。

第2章　毛泽东安源播火种　013

毛紫云安排后的第二天，张竹林便带着毛泽东下了矿井。毛泽东穿了身青布衣服，敞着头；张竹林穿了条青布裤子，赤裸着上身，头上裹着头巾；两人各提一盏圆形茶油裸灯，下井了。毛泽东问张竹林在几段工作？张竹林回答在西平巷，于是毛泽东要张竹林带他去西平巷看看。到了西平巷，张竹林怕出事故自己要担责任，打算在大巷看看就算了，毛泽东却坚持要去生产一线。

他们来到一条低矮的巷道，里面很热，风辣脸，要爬行。工人们只在头上缠着一条蓝布手巾，赤裸着身子，在拖煤，那竹筐好大，上面还用木板围着，一筐煤足足有两百来斤，工人们像牛马一样拖着。

△ 毛泽东下矿井与工人们谈心场景图

工人们见一位先生下井，都觉得新鲜，围了过来。毛泽东就与大家拉家常，问工人生活苦不苦？工人就向毛泽东诉说自己的苦难，讲到了工头克扣工钱，还有各种各样的剥削形式，反抗就抓去坐班房（牢）、坐老虎凳受刑罚，工人有苦但申不了冤。

毛泽东说："你们的工作很苦哇！"有位工人说："我们的命苦哇！"毛泽东说："不对！为什么矿长、工头生活得这样好呢？这是剥削的结果。"于是随手捡了块石头作比喻：工人就像路边的石子，挡了大老板的路，大老板一脚就踢开了；但是如果千千万万人组成一块大石头，大老板想搬都搬不开！我们工人只要团结得紧，就是有座山压在我们头上也能推倒！工人们连连点头说：这位毛先生就是有学问，比方打得好，每句话都说到我们心坎里了。

出了矿井，毛泽东除了考察机械厂、炼焦处等地，还重点考察了工人的餐宿处。餐宿处共有四个区段、百余间，每间丈*余宽，两丈余深，可住48人，但由于房屋过少，每间竟住50多人。床用竹子捆扎成架子，如同建房用的脚手架，密密麻麻，有上、中、下三层。环境恶劣，地面潮湿，简直像乞丐住的地方！他撩起工人的蚊帐看，被子、蚊帐破破烂烂；有很多臭虫，有些被工人掐死的在被子或帐子上留下了血迹。工人洗澡的池子简直就是一条臭泥沟，水乌黑，散发着臭味，池底有一层泥垢。

* 丈，中国市制长度单位，1丈约为3.33米。

第 2 章　毛泽东安源播火种

△ 毛泽东考察过的工人餐宿处、总平巷和锅炉房

　　毛泽东了解到，萍乡煤矿的工人实行 12 小时工作制，除了一部分机械工人和窿内杂工等为点工（以日计工资的工人），"余俱为包工，工人皆在包头之下作点工；因此工人出卖其劳动力，乃不能与资本家直接交易，中间还须经过包头阶级之剥削"。工人们吃包伙食，即寄居在工头处吃饭，每月在工资里扣饭费。工头为了节省开支，就在伙食上做文章，一些老工人回忆说："吃的是霉米、烂菜烧出的饭，菜是干菜，根本不知道是些什么东西做的，里面有草，有树皮，就是很难吃到的一点点肉也是发臭的。"这里的工人主要来自江西、湖南、湖北、广东等地，其中的江西人主要是开矿时征收小煤井遗留的半工半农人员，约占工人总数的 50%；其次以湖南人居多，约占工人总数的 30%，主要来自湖南的湘潭、湘乡、长沙、醴陵、浏阳、岳阳和衡阳，他们都是破产的农民，被逼来安源做工，主要做挖煤等苦脏累活。来自湖北的工人约占

20%，是大冶煤矿大拆迁时随机器来的，主要从事机械工作。

安源工人所遭受的苦难世间少有，当时的安源简直是暗无天日。但是，哪里有压迫，哪里就有反抗，哪里的压迫最深，哪里的反抗就最激烈。毛泽东深知这个道理，安源山遍布干柴烈火！马克思主义的理论与中国的具体实践结合起来，必然形成改变山河的气势。

毛泽东在安源进行了一周的调查，随后回到了长沙清水塘。这时，湖南劳工会的工人领袖黄爱[*]来到了毛泽东的住所，毛泽

---

[*] 黄爱，1897年生于湖南。年少时入德山求实小学、清真高小读书，因家庭贫困辍学后到商号当学徒。1913年秋考入湖南甲种工业学校机械科，毕业后到湖南电灯公司当技工。黄爱有志于工业救国，后又考入天津直隶专门工业学校。
五四运动爆发后，黄爱在天津参加反帝爱国斗争。在天津学联执行部、《天津学生联合会报》工作，与周恩来并肩战斗。后随觉悟社和天津学联请愿团赴京向北洋政府示威，要求北洋政府释放被捕代表、惩办卖国贼。他曾在北京新华门被警察捕押38天，后被直隶专门工业学校以旷课过多开除了学籍。黄爱在北京加入工读互助团，继续在北京、天津等地组织开展工人斗争。
1920年9月，黄爱在长沙遇到志同道合的校友庞人铨。
为了组织一个真正属于工人自己的工会，庞人铨、黄爱等采取了无政府主义的手段，以"团结工人，改造物质的生活，增进劳工的知识，谋求工人福利"为宗旨，发动工人站起来，为争取自己应有的权利和自由而斗争。在何叔衡、林伯渠等的帮助下，1920年11月21日，湖南劳工会成立大会在长沙教育会坪召开。1920年11月22日，《大公报》报道了湖南劳工会成立的盛况，参加的会员有2000人，公推黄爱为大会主席，并任湖南劳工会教育部主任兼驻会干事，庞人铨任出版部主任兼驻会干事。
1922年1月17日，湖南劳工会领袖黄爱、庞人铨被湖南军阀赵恒惕秘密绑赴长沙浏阳河门杀害。牺牲时，两人年仅25岁。黄爱、庞人铨是中国最早为无产阶级牺牲的先烈。

东与他谈了在安源考察的情况，认为可以在安源开展工人运动，并坚信工人运动很快就能搞起来。黄爱告诉毛泽东：湖南劳工会交际部干部张理全与安源工人有联系，张理全是湖南甲种工业学校的教员，有几个他的学生在安源工作，可以通过他送些报纸、杂志给安源工人看，让工人对当前的形势有所了解，提高工人的思想觉悟。毛泽东同意了。黄爱找到张理全，传达了毛泽东的指示，张理全随即与铁路工人李涤生、周镜泉、朱少连、杨连秋取得了联系，并将《新青年》《工人周刊》《劳动周刊》《湘江评论》等交由火车司机朱少连带到安源，让安源工人阅读，提高他们的觉悟，向安源吹进了一缕改革新风。工人看了这些文章，如同黑夜里看见了光明，无不欢欣鼓舞，并恳请中国劳动组合书记部湖南分部派人来主持工作。

* 李立三，1899年生于湖南醴陵，原名李隆郅。1919年到法国勤工俭学，1921年9月回国，并在上海加入了中国共产党。

当时，李立三*刚好从法国留学回来，上海党中央派他到湖南支部工作，湖南支部当时的支部书记就是毛泽东。

李立三见到毛泽东，毛泽东告诉他：安源工人众多，且受到各种残酷的剥削，生活特别痛苦，因此是工人运动可能很快开展的地方。李立三家住醴陵羊三石，距萍乡很近，对当地的情况早就有所耳闻。李立三很快接受了任务。

1921年冬，在一个风雪之夜，毛泽东、李立三、张理全、宋友生乘火车来到安源,歇在刘和盛饭店。毛泽东告诉李立三:要以开展平民教育为幌子,取得合法身份开展工人运动,要公开工作与秘密工作同时进行,组织具有核心力量的"小团体",用以凝固大团体。在决定组织名称时,鉴于当时很多贵族式的工会组织在工人中造成了很不好的影响,毛泽东就为安源的工会组织起名为安源路矿工人俱乐部。毛泽东在1921年秋来安源考察时就请毛紫云帮忙物色了几位思想进步的工友,以便今后开展工作。当时,毛紫云推荐了铁路工人周镜泉、李涤生、杨连秋。大家商议后决定办工人补习学校,地点选在五福斋巷子。

李立三了解到萍乡县县长范镛好古文,就用骈体文写了封呈文,并拿着湖南省平民教育委员会李六如写给范镛的信找到父亲

△ 毛泽东、李立三等人1921年冬到安源居住的刘和盛饭店

李昌圭在安源做生意的谢姓朋友，请他帮忙转交给当时的萍乡县县长范镛。李昌圭是晚清秀才，博学多才，是位儒商，在安源的人脉很广，姓谢的朋友也是位读书人，故两人一谈即合，交情颇深。今见好友的公子求他办事，而且是办学的义举，焉有不答应之理？于是谢姓朋友拿了呈文和信，择了匹快马，几鞭就赶到了县府，将呈文及信交到了范镛手里。范镛展开看时，只见文中说安源自开矿以来，社会风气颓坏，工人打架斗殴、赌博严重、妓女猖獗，有伤风化，实乃工人未曾受教育之结果。今本部开创平民教育，教化工友，使人人改变颓风坏气，做合格国民。本部宗旨为：联络感情，交换知识；互相帮助，共谋幸福。请县府予以立案保护。范镛是前清进士出身，历两朝官员，喜古文，尤其偏爱骈体文，深感世风日下，无信而好古之徒。萍乡煤矿自开矿以来，不注重工人教育，除极少数职员子女能享有读书资格外，工人中近半数是文盲，由于缺乏教养，他们打架斗殴，造成社会不安，确实令他这个县令伤透了脑筋。而今，这个李立三小小年纪，不仅文章才气横溢，更为难得的是一手好四六体，正合他意，还替政府分忧，力破颓风坏气，使工人回到淳朴，实乃难得的人才，很是欣赏，尤其见到"本部宗旨"，不觉反复吟咏，击节叫好。收到信后的第三日便回了信，不仅同意办工人补习学校，还把"本部宗旨"照抄了下来，这是对李立三才华的肯定，也给安源工人补习学校定下了基调。

△ 安源路矿工人补习学校

李立三在五福斋巷子里租了房子，并将县府的批文贴在墙上，开始创办路矿工人补习学校，因是晚上上课，工人称之为夜校。

李立三创办工人补习学校的事，工人开始不理解，都来围观，说读书哪有不要钱的，怕是骗子吧，所以没有几个人来读书。李立三就到街上动员，有时甚至拖着工人来听课，工人称他"游学先生"。有工人说就是拖也不去，有人说不去还不容易，夜校是获得县府支持的，拖到衙门里挨板子就是。这样，不读书挨板子的谣言在安源传开了，造成工人的恐慌。李立三就最先动员那些苦大仇深的工人来上学，然后经过这些工人的带动，上夜校的人越来越多。

当时的办学条件十分简陋，没有课本，李立三就自己编写；工人没有作业本，就自己用薄木板做成一个四方的盒子，里面装满沙子，配备一根木棍，用木棍在沙子上书写，写完抹掉重新写。很快，来上课的工人到齐了，李立三登上讲台，在黑板上横着写了"工人"二字，教工人认识这两个字；接着又竖着写这两个字，问大家："这两个是什么字呀？"

"工人。"大家争先恐后地回答。

"对了，这也是工人。可是如果把两个字连起来，怎么读呢？"李立三又问。说着把"工"字向下出了头与"人"相接。

大家都说不知道。

"工人两字连起来就是天下的天，这说明我们工人的力量大过天！工人就像这个天字，团结起来力量就大。"

△ 李立三给工人上课

这天晚上，李立三讲了什么是阶级、什么是剥削，工人应该团结起来掌握自己的命运，在讲到团结这个词时，他还特意编了一首歌："独木不能防屋倒，片瓦不能把屋造，个人才力很有限，团结起来力量好。"一句句实在而贴心的话，像阳光雨露滋润着一块块干涸的心田……

因为夜校教师少，所以没过多久，毛泽东又派了蒋先云等人来到安源。李立三、蒋先云讲课都是启发式的。如讲到"剩余价值"时，蒋先云问工人："工友们晓得什么叫剩余价值吗？"工人说："不晓得。"蒋先云就在黑板上写下"剩余价值"四个字后说："比方，你们挖的煤，一百斤可卖两角钱，你们每人每天挖一千斤，老板可得二元，而给你们的工钱每人每天只有四角，剩余的一元六角被老板无偿占有了。你们矿按五百人计算，一天便可得一千元，而老板每天付出的工资仅二百元，你们一天创造的新价值比劳动力的价值多八百元，被老板无偿占有的八百元就是'剩余价值'。'剩余价值'是剥削阶级剥削收入的总源泉，老板就是叮在你们身上的寄生虫。所以你们的矿长越来越富，你们却越来越穷，穷得连老婆儿女都养不起！用什么办法改变这种状况呢？"他问大家。

"大家团结起来，向矿长提出提高待遇、改善生活和工作的条件！"工人齐声说。

1922年2月，中共安源路矿工人党支部成立，共有6名党员，李立三任安源党支部书记*。从此，安源工人在中国共产党的领导下自觉地进行解放自己的斗争。

矿上对李立三办夜校不放心，派

* 李立三在1956年中国共产党第八次全国代表大会召开时填写的《党员登记表》中提到他是安源煤矿党支部书记。

第2章 毛泽东安源播火种 023

△ 中共安源路矿工人党支部活动点——火车房

暗探来侦查，李立三请卖米豆腐的肖木山放哨，一发现可疑的人就捻亮油灯，靠窗的工人赶紧朝前面桌子抖一脚，依次传递上去，李立三收到信息就赶紧擦了黑板上的字，教工人读"一人两手，两手十指"，暗探回去汇报后，矿上认为只是教工人读书识字，也就不管了。

1922年5月1日是世界工人阶级的节日——"五一"国际劳动节，也是安源路矿工人俱乐部成立的日子。通过李立三等人的不懈努力，俱乐部成员达到了400多人，各项准备工作就绪，便决定于5月1日召开部员大会，向社会各界宣布安源路矿工人俱乐部的成立。1922年5月1日这天，俱乐部在牛角坡52号租了几间房子作为俱乐部的办公场所，房屋装潢一新，院周围插着彩旗，院门口高悬了一块书有"五一纪念"的横匾，二门上悬挂着一块"俱乐部诞生"的横匾。

1922年5月1日下午1时许,400多名会员按时到场,俱乐部主任李立三宣布安源路矿工人俱乐部成立了,并宣读了职员名单、俱乐部总章和部员条约,全体部员一致通过。俱乐部副主任朱少连宣读了中国劳动组合书记部和湖南分部发来的贺电。李立三还发表了讲话,他说:安源路矿工人俱乐部的成立标志着工人有了自己的正式组织,有了娘家,俱乐部就是为工人办事的,希望工人都能加入这个组织。接着是自由发言,工人争着发表演说,会场上群情振奋、掌声雷动。会后,工人开始游行,前面是"热烈庆祝安源路矿工人俱乐部成立"的横幅,紧跟着是由火车头、铁轨、岩尖、平头锤交叉的俱乐部部徽,后面跟着部会会员,还有很多看热闹的工人,总计上千人。工人手持写有各种口号的小三角旗,从俱乐部门口出发,绕着安源街转了一圈,一路上大家喊着"全世界无产者联合起来!""安源路矿工人俱乐部万岁!""打倒帝国主义!"的口号,唱着《五一纪念歌》:"五一节,真壮烈,世界劳工大团结!发起芝加哥,响应遍各国。西欧东亚与美洲,年年溅满劳工血……"

沿途的许多店家放爆竹与游行队伍共同庆祝。许多人对安源路矿工人俱乐部、帝国主义等新词还不理解,工人就散发传单,市民争着去抢,看懂了内容便跟着工人一起喊口号,有的还加入了游行队伍。有位卖茶的老人,队伍走到他面前时,他从来没见

△ 1922年安源路矿工人俱乐部旧址

△ 庆祝安源路矿工人俱乐部成立（油画）

过这样热闹的场面，便将一杯杯茶水端给大家喝，工人婉言谢绝了。他感慨说："还从来没有见过这样守纪律的队伍。"走着走着，忽然下起了雨，工人没有一个离队的，大家的意志更坚定了。李立三对这支队伍的团结性和战斗力充满了信心，他认为，带领这样的队伍就没有战胜不了的困难,也没有打不败的敌人,于是他充满豪情地说:"这是天公给我们的一次洗礼,让我们迎着风雨前进吧!"工人大声喊着:"迎着风雨前进!"

在这支游行队伍中还夹杂着另一些人,那就是矿上总监工王三胡子派来的间谍。王三胡子要求他们监视工人的一举一动,看是否有波及矿方利益的情况。但这些人自始至终没听到与矿方冲突的话,也就懒得理会了,甚至有的还参与了游行。回来后向王三胡子汇报,王三胡子听到"帝国主义""芝加哥"等词便说:"他们是吃洋教的,不用理会。"

△ 安源俱乐部筹备委员会成立合影,中排右起第五名为李立三,瞭望窗口的是朱少连

红色工业

第 3 章
CHAPTER THREE

安源大罢工

国内和国际形势越发紧张,安源工人大罢工一触即发。在党早期组织和毛泽东、李立三、刘少奇等的领导下,安源大罢工顺利展开,工人们不畏强权,克服了重重困难,终于通过自己的抗争拿回了本就属于自己的权利。

1922年9月，由于日本帝国主义的压迫和中国民族资本主义的软弱，汉阳铁厂的钢铁在国际市场上滞销，总公司负债累累，这种情况波及分公司，萍乡煤矿已经有半年没发工饷了，工人生活在水深火热之中。由于受不了日本帝国主义和官僚资本主义的压迫和剥削，汉阳铁厂、粤汉铁路的工人举行了大罢工，并取得了胜利。消息不胫而走，安源工人大受鼓舞，一个个摩拳擦掌，决定与路矿当局大干一场。安源工人要闹事了，当局非常恐慌，准备调军队镇压，这反而激起了工人的愤怒，路矿工人总罢工一触即发。

　　这时，李立三被毛泽东派到长沙参加泥木工人罢工去了。得到安源工人要罢工的消息，毛泽东迅速来到安源，1922年9月7日晚饭后，在周镜泉家里召开了党支部会议，参加会议的有蒋先云、朱锦堂、杨庆兴、杨庆仁、朱少连、李涤生、蔡增准等十余名党员。

　　朱锦堂回忆说："记得安源大罢工前几天的一个下午，毛主席来到安源。当时我正在牛角坡工人俱乐部的夜校上课，毛主席来后，还听了我们的课。晚饭后，我们在周镜泉家开党支部会，参加会议的有毛主席、蒋先云、杨庆兴、李涤生、朱少连、蔡增准和我等十余人。李隆郅到湖南去了。会上，毛主席先了解了俱乐部成立后的情况，分析了当时的形势。那时，矿上对俱乐部领导人采取各种手段进行威逼利诱，要查封俱乐部，另外，又拖欠工人的工资不发。工人非常愤怒，又束手无策。毛主席在会上介绍了全国几个地方工人罢工斗争的情况，给了我们斗争的勇气。毛主席根据安源阶级斗争的状况做出了罢工的决定，并要我们采取'哀兵必胜'的策略，提出了'哀而动人'的口号，以取得广泛的社会同情。还指示我们要胆大心细、有勇有谋，不要怕，大家团结起来了力量就大。"

　　毛泽东讲了这次大罢工的诉求：组织团体、解除压迫、改善待遇、减少剥削。并讲了这四点之间的关系：组织团体是长远目标，因为只有有了团体，解决了团体契约缔结权，团体才可以帮助工人办事，矿局今后有对工人不利的地方，团体就有了代表工人的权利，所以组织团体必须放在第一；解除压迫、改善待遇、减少剥削，这是工人眼前需要解决的问题，必须替工人解决。组织团体是纲，其他三条是目。第一条绝不能更改，要坚持到底；其他三条可以灵活运用。

　　毛泽东要大家保持清醒的头脑，讲求策略，因为领导一场13000多人的大罢工在湘区委还是从未有过的惊天大事件，只要其中某个环节出了问题，就有可能功亏一篑。尤其要注意安源的特殊性，安源是各会党最为活跃的地方，洪帮、青帮势力很强，

1906年，孙中山、黄克强领导的萍浏醴起义就发生在这里，他们根深势大，利用好了对罢工有利；否则会阻碍罢工斗争。安源还有数千失业工人，他们游离于俱乐部之外，极容易对罢工造成影响，如果由于细节影响了罢工斗争的胜利，这对今后开展工人运动会非常不利。毛泽东还与大家一道制定了这次斗争的策略。安源工人生活在水深火热之中，他们每天工作在暗无天日的矿井下，随时有生命危险，还要遭受资本家和工头的残酷剥削和压迫，过的是牛马不如的生活，不堪忍受！罢工时一定要宣传工人所受痛苦，用哀而动人、哀兵必胜的口号感动社会，取得同情，这样我们的斗争才能胜利。我们的口号应该用：从前是牛马，现在要做人！

干部们迅速将会议精神传达给了工人。

会后，毛泽东马上回到长沙，写了封信由专人带给李立三。当时，李立三正在家中休息，从来人手中接了信看，信中的主要意思是：罢工胜利的条件首先是工人群众有坚固的团结和坚强的斗志，其次是必须取得社会舆论的同情和支持。因此，必须运用"哀兵必胜"的战术，提出哀而动人的罢工口号。李立三马上写了回信交给来人带给毛泽东，信上说：他马上回安源领导工人罢工。第二天李立三就赶回了安源。

1922年9月8日，毛泽东回到长沙，刘少奇*正在清水塘等

---

* 刘少奇，湖南宁乡花明楼炭子冲人，于1920年下半年加入社会主义（转下页注）

待分配工作。刘少奇经过领导长沙粤汉铁路罢工斗争，已经积累了一定的经验，他渴望领导一次更大规模的斗争。毛泽东对他在这次领导长沙粤汉铁路工人罢工斗争中的表现非常满意，决定将他推到大风大浪中去锻炼。便与他谈了安源会议的情况。毛泽东对刘少奇说：李立三的身份已经暴露，派他到安源担任工人总代表协助李立三的工作。

刘少奇听到派自己去担任总代表，心中燃起一团火。是呀！自己在苏联学习了一年多，不正是要实现自己的抱负：治理好这个积贫积弱的国家，解救苦难的人民吗！这个愿望马上就要实现了！他抑制不住内心的喜悦，用力点了点头。

毛泽东向他详细介绍了安源路矿的历史与现状。

（接上页注）青年团，经毛泽东、何叔衡组织的俄罗斯研究会介绍，到上海共产主义小组在共产国际帮助下组班的上海外国语学社学习。1921年春赴莫斯科东方劳动者共产主义大学学习，同年冬转为中国共产党党员，并担任支部委员。在校期间，他如饥似渴地学习马克思列宁主义，从此坚定了共产主义信仰和从事社会改革的决心，社会责任感越来越强。毕业前夕，在回答今后希望从事什么工作时，他在登记表上填写了"工人运动，青年运动"。1922年6月，刘少奇奉命回国，先分配到中共中央直接领导的中国劳动书记部工作，后奉中央执行委员会委员长陈独秀的指派到中共湖南地区的领导机关中共湘区执行委员会工作，担任湘区委员会委员。与湘区委书记毛泽东接头后，他立即投入反对军阀赵恒惕的斗争。1922年9月，粤汉铁路长沙段工人酝酿罢工，湘区委派刘少奇沿线组织配合。1922年9月9日，粤汉铁路长沙段2400多名工人全线罢工，成立俱乐部联合会，向当局提出六条经济政治要求。正当刘少奇在罢工前线昼夜奔忙时，忽然接到刚从萍乡回到长沙的毛泽东的通知，要他立即撤出粤汉铁路，火速赶往安源，指导那里即将爆发的更大规模的工人斗争。

李立三一回到安源就开始进行罢工斗争的策划，成立了罢工总指挥部，下辖监察队、通讯队、侦察队、暗杀队，暗杀队驻守在一个秘密地点，由俱乐部的主要领导人直接领导；对俱乐部干部进行细致的分工，要求他们在最短的时间内把工人发动起来，开展针对矿局的总罢工，向矿局发出最后通牒。

李立三一方面做着罢工斗争的准备，另一方面做着安源的统一战线工作。安源的帮会组织发达，有洪江会（洪帮）、青帮、黑帮、龙门会、哥老会、洪福会、武教师会、中华道教会、天主教会、丐帮等，矿上无论工人还是职员几乎都加入了帮会，其中尤以洪帮为最大团体。晚清时期，洪帮提出了反清复明的主张，帮助孙中山复兴民国，具有一定的进步性，但民国后发展成了黑恶势力，统治了安源煤矿绝大多数工人及安源街市的赌馆、烟馆和妓院，可以说，它可左右安源煤矿的生产，连矿长都怕它。矿上特意请洪帮头目做只拿钱不管事的顾问，可想它在安源的势力有多大。另外，安源还有四五千名待业工人游离于俱乐部的管控之外。只要赌馆、烟馆和妓院不关，就会吸引工人，就会降低这次大罢工的影响力，因此，罢工斗争很可能会毁在这些人手上。而这一切问题的症结就是洪帮头目张龙。

在大罢工开始的前一天，李立三拎着一只雄鸡到洪帮见张龙。当时，李立三身穿一件铜纽扣外衣。安源山里传闻，李立三的五颗"金纽扣"是五国大使送的，"当时，敌人扬言要捉拿和暗杀工人俱乐部主任李立三,工人传神般地说:李主任有五国洋人保护,刀枪不入。因为他是从国外留学回来的,平时穿长大褂,胸前佩戴着一些金属制的徽章,显得非常精神。传说'刀枪不入'"。张龙见千万工人敬仰的工人俱乐部主任带着雄鸡来拜见他,又见他身上那五颗代表五国的金光闪闪的纽扣,觉得自己脸上有光,连连说"有请"。

李立三后来回忆这段历史时说:当时最厉害的是帮会(洪帮),工人不加入就会没有工作,因为大多数工头都是洪帮头目。当时若不争取洪帮,也没有别的办法。我买了一瓶酒、一只雄鸡,称他为大哥,希望他罢工时帮忙。他一拍胸脯说,只要你说话,我就能帮忙。我提了三点:①赌博没有。②鸦片馆关闭。③罢工期间不发生一例案件。这些在罢工时都实现了。罢工胜利后,资本家想以镇压洪帮为借口破坏俱乐部,我给了他些路费,把他送走了。工人运动兴起后,洪帮就瓦解了,如果洪帮不瓦解,工人组织是无法很好建起来的。李立三提出

△ 歃血盟誓(水墨画)

的三点要求的实现，在社会上造成了很大的震动，甚至一些资本家和知识分子都觉得俱乐部了不起（因为这三点是多年一直未能解决的，工人罢工后却全都实现了）。这件事展现了工人阶级的力量，也印证了毛泽东统一战线思想的作用。

"呜——呜——"

1922年9月14日凌晨4时，安源车站火车头、安源锅炉房、安源电厂的汽笛声吼叫着，划破了黎明前的沉寂，紧接着，修理厂、八方井的电笛也叫开了，一直持续了5分钟。这声音是在召唤安源路矿工人要团结起来，向当局抗争。

震惊全国的安源路矿工人总罢工爆发了！

△ 安源路矿工人总罢工（影剧照）

有的工人将矿井下的电缆砍断了，矿井内一片漆黑，电机车等无法运行，这是罢工的信号。有些工人从总平巷、八方井、四方井、六方井、机器厂、竹木厂、红砖厂、大小洗煤台、洋炉炼焦处、土炉炼焦处、东西绞渣场、火车房等处冲出来，怒吼着："罢工！""从前是牛马，现在要做人！"有些工人静坐在工棚里，实行文明罢工。监守员用木头或煤桶堵住井口，工人只准出不准进，上早班的工人全部停止上班。总平巷口悬挂着一块白布，上书"罢工"两个巨大的字。但锅炉房、电厂、打风机房及矿井下的水泵房等关键部门还在继续工作。工人抱怨总代表赵国诚：别人都罢工，锅炉房怎么不罢工？赵国诚反复向大家宣讲：锅炉房是企业的生命线，这里一停工，矿井就会被水淹，我们不仅会失去饭碗，而且会授人以柄，矿局就会以破坏矿井为由拿俱乐部开刀。工人终于理解了俱乐部的苦衷，都表示会坚决服从俱乐部的纪律，保护好矿井也是支持罢工斗争重要的一部分。

其实，真正的罢工从零点就开始了，罢工委员会于1922年9月13日晚下达了罢工命令，第一趟从株洲开往安源的元次车先行停开。为了落实俱乐部的命令，朱少连上了元次车车头，将车头、水柜等重要机件全卸了下来，并通知机务处的工友，早班时不放进班号。

天亮了，人们出来活动，看到十字路口的墙上贴着"萍乡安源路矿工人罢工宣言"，很多人围着看。

各界的父老兄弟姊妹们！请你们看：我们的工作何等的苦呵！我们的工钱何等的少呵！我们时时受人家的打骂，是何等的丧失人格呵！我们所受的压迫已经到了极点，所以我们要"改善待遇""增加工资""组织团体——俱乐部"。

现在我们的团体被人造谣破坏，我们的工钱被当局积欠不发，我们已再三向当局要求，迄今没有圆满答复，社会上简直没有我们说话的地方呵！

我们要命！我们要饭吃！现在我们饿着了！我们的命要不成了！我们于死中求活，迫不得已以罢工为最后的手段。我们要求的条件下面另附。

我们要求的条件是极正当的，我们死也要达到目的。我们不做工，不过是死！我们照从前一样作工，做人家的牛马，比死还要痛苦些。我们誓以死力对待，大家严守秩序！坚持到底！

各界的父老兄弟姊妹们呵！我们罢工是受压迫太重，完全出于自动，与政治军事问题不发生关系的呵！请你们一致援助！我们两万多人饿着肚子在这里等着呵！下面就是我们要求的条件！

（一）俱乐部改为工会，路矿两局承认工会有代表工人向路矿两局交涉之权。

（二）以后路矿两局开除工人，须得工会之同意。

（三）从本月起路矿两局每月例假废止大礼拜，采用小礼拜。*

（四）以后工人例假、病假、婚丧假，路矿两局须发工资。

（五）每年十二月须发夹薪。

（六）工人因公殒命者，路矿两局须给以天字号棺材**并工资三年，一次发给。

（七）工人因公受伤不能工作者，路矿两局须营养终身，照工人工资多少，按月发给。

（八）路矿两局从前积欠工人存饷，一律发给。

（九）罢工期间工钱，须由路矿两局照发。

（十）路矿两局须指拨火车房之木围及南区警察所之大坪为建筑工会之基地，并共拨一万元为建筑费，每月两局各津贴二百元为工会常月费，从本月起实行。

（十一）以后路矿两局职员工头不得殴打工人。

（十二）窿工全体工人须加工资五成。

（十三）添补窿工工头，须向窿

* 萍乡煤矿实行12小时工作制，每半月歇一天，谓之大礼拜；罢工斗争中，工人要求按照国际惯例，每工作6天休息1天，谓之小礼拜；长班就是白班；点工即按钟点记工的工种。

** 天字号棺材。由于挖煤会遇到很多不可抗的自然灾害，时常有矿难发生，矿方须处理工人遗体，在材料处设棺木厂，分"天、地、人、和"号棺木，棺木质量依次递减，矿上高级职员因公殒命埋天字号，一般职员因公殒命埋地字号，工头因公殒命埋人字号，工人死了埋和字号。和字号棺木实际是由薄木板制成的，工人要争得做人的尊严，故提此条件。

内管班大工照资格深浅提升，不得由监工私行录用。

（十四）窑工食宿处须切实改良，每房至多不得过三十八人。

（十五）洗煤台照从前办法，每日改作三班，每班八小时，工资须照现在长班发给，不得减少。

（十六）制造处、机器厂将包公改为点工。

（十七）路矿工人每日工资在四角以下者，须增加一角。

萍乡安源路矿两局全体工人同启

△ 安源路矿工人大罢工宣言

罢工的第一天，李立三便找到安源工商学界绅商贾旸谷、谢岚舫、陈盛芳等说明了此次罢工的目的，工人是因为生活实在太痛苦才被迫罢工的，罢工不是目的，目的是希望改善工人的生活待遇，到时候想请他们协助调停，三人答应了。

安源街上，有佩戴袖套，手拿铁棍、梭镖的工人监察队员在巡逻，发现有工人骚扰便立即制止。这支监察队是中国共产党最早的民兵组织，也是中国共产党最早的武装。罢工后，商家大为恐慌，怕因罢工发生抢劫，天尚未黑都关了门。市面上除工人监察队和警兵外，没有其他行人。平时街上拥挤不堪，而这几天工人都待在窿工食宿处，自觉遵守俱乐部的纪律，赌博的情况已绝迹。罢工期间未发生抢劫等事件，反而比平时还安定。

这次工人罢工把总监工王三胡子气坏了，他一个月收入数千元，全靠克扣、剥削工人，如今工人罢了工，那他的收入从何而来？于是他立即召集大小工头开会，商议破坏罢工的办法。他让各监工赶快把家里的亲戚朋友都找来，许以下窿不做工工钱照付，以此破坏罢工。很快便来了很多人，工人监察队员手拿武器镇守在矿井口，不准任何人下井，即使公司职员也不行，如有强行下井者，即以武力对待。那些被临时雇来的人绝大多数是当地的农民，他们家里还有事要做，不在乎这点儿钱，懒得在这里纠缠，见监察队不许下井，就回家了。这样，王三胡子的第一计算是失败了。

王三胡子又心生一计，动员那些待业工人下井，许以两元一天。安源本地有四五千名待业工人，他们不在俱乐部的监管之下，是威胁在岗工人工作的"劳动后备军"。安源煤矿有总平巷、西平巷、小坑、紫家冲等多个进出口，这些人对井下情况熟悉，随便一个井口都可以溜进工作面。俱乐部也早就预料到了，在各个进出口都派了人员把守，对这些人晓之以理动之以情，但他们仍不听劝阻要下井，监察队员也不强行阻拦，任其下去，但不许他们出来，任他们在里面挨饿，等到第二天俱乐部才下令让他们出来。工人出班要走四方井，井口站满了罢工工人，见他们出来了，大家都指责、羞辱他们，这些下井的工人脸有愧色，俱乐部再细心加以劝导。他们中也再无人上班了。

王鸿卿见破坏不行，又许以600块大洋暗杀李立三。工人听说后极力保护领袖，不许李立三外出，即使偶尔外出也不能超过20分钟，且必有数百工人包围房屋，不让外人靠近。罢工后的一天晚上，李立三与刘少奇在俱乐部，工人怕有敌人迫害李立三，便把他拉到一个地方，睡不到半小时，又拉走，一天换三个地方，后来换到了一座山后的砖瓦窑里，两个工人陪着他，在窑中住了两三天。工人中认识刘少奇的少，出面的事就让刘少奇去做。由于工人防范严密，王三胡子无从下手，暗杀李立三的阴谋也失败了。

罢工前几天，路矿两局对工人罢工首先采取笼络手段。当时，李立三已去长沙向毛泽东汇报罢工斗争的准备情况，俱乐部除了朱少连，还有蒋先云、蔡增准等。副矿长舒修泰来俱乐部探听情况，一面恐吓蒋先云和蔡增准，一面以津贴俱乐部、经费拨给俱乐部修建房屋为言，希望用笼络手段，阻碍罢工。蒋先云、蔡增准不为诱惑所动，反而向工人宣传："舒副矿长都到了俱乐部，矿长都不敢轻视俱乐部，可见俱乐部是正当的机关。"工人听罢更加坚定了信心。

矿局见这招无效，便采取恐吓手段。路局职员徐海波与朱少连是同学，威胁他快走，恐有杀身之祸。朱少连说："秉正大光明之宗旨，做正大光明之事业，死也不怕！"李立三回到安源后，态度更加坚决，誓死不离开安源。徐海波、沈开运等见恐吓不行，便请求县府关闭俱乐部，但是粤汉铁路罢工又起，路矿两局怕把事情闹大，连忙要李立三不要宣布县府政令，并保证向县府请求保护俱乐部。

张明生正带领部分监察队员由火车房巡查到总平巷口，忽见洗煤台方向冒着黑烟。"有人要开火车？走，看看去！"张明生手一挥，队员们跑了起来，工人陈伟铎跑在最前面，果然是一辆机车发动了，正准备开。陈伟铎拦在铁路中间，大声吼道："没有俱乐部的命令，谁敢开车？你要开车，就先从我身上轧过去！"

司机见有人拦车，就拉响了汽笛，火车的嘶鸣声在停了工的矿山显得格外嘈杂。汽笛声引来了十几名工人。大家气喘吁吁地朝火车跑来，离得老远就骂起来："你这个工贼，还不赶快下来，想破坏罢工不是？"张明生跳上火车头，他手扶栏杆，两步就进了驾驶室，看见是路局职员王海衔的干儿子易攸清。张明生正了正监察队的袖章，厉声道："易攸清，车子不能开！"

"你管不着！"易攸清蛮横地回答。

"安源都罢工了。你是不是工人？"

经张明生一问，易攽清张了张嘴，最终没发声。但他依然赖在车上不下去。

工人再也忍不住了，怒吼道："不要和他讲道理，把他拖下来就是！"

谁知这家伙怕挨打，乖乖地下来了，脚刚沾到地面就狼狈地逃跑了。

俱乐部及时张贴标语："不做奴才，不做工贼！""打倒工贼！"从此，一些犹豫的工人更加坚定地站在了俱乐部的一边。

矿局见以上方式都行不通，便以每人每天两元钱为诱饵，请来军队实施镇压，军队占领了俱乐部及各重要部门。工人一见军队，愈加愤怒，即有数千工人冲出俱乐部。军队没了办法，只得从后门逃窜，并说："我们都是别地人，谁愿意干涉你们这种事呀！我们不过是王老爷两块钱一天请来的呀！"

罢工后，工人各归住房，每房派一人到俱乐部打听消息，如有事，即一呼百应，前去支援。罢工前一日，李立三到车务处与矿长、路局局长商谈，恰巧这时有车开往萍乡，工人怀疑这是路矿局的计策，要挟持李立三到萍乡去，于是数千工人将车务处围住，大家寻出李立三送回俱乐部才散去。

工人监察队纪律极严，极能听从指挥。各工作处无论何人，皆不准入内，即便是路矿两局及戒严司令部的人和士兵都不准通行，除非有俱乐部的条子。一次集聚了很多工人，军队用机枪对准他们威胁说要射击，工人不怕死，朝前冲去，情势危急。这时，工人监察队赶到，旗帜一挥，工人全部散了。有一工人被军队抓走，马上有数千工人包围过来，要求军队放人，军队拿枪驱逐，工人不动，军队不得已将工人释放，俱乐部监察队旗子一挥，大家便散了。军队要维护秩序，但行动不得自由，戒严司令李鸿程说为工作起见，请求俱乐部发徽章给他们。俱乐部考虑让军队中立，便发了徽章。李鸿程叹息："军队没有这样的纪律。"并说，他也知道工人生活很苦，因而他对这次罢工表示同情，军队不愿干涉工人的事。

在当局看来，万余工人生活如此困难，罢工万难持久，所以在施以重兵高压、拉拢分化、暗杀工人领袖等手段的同时，一面以"先开工后磋商条件"为词企图引诱俱乐部下令开工，一面采取软拖办法，企图让工人在饿困、疲惫中瓦解就范。俱乐部则发动那些家庭条件相对好的工人给已经断粮的工人送米、送钱，以解决当前的困境。

1922年9月14日上午，充当调停人的商会会长贾旸谷和地方绅士陈盛芳、谢岚舫受俱乐部委托，将十七条要求及俱乐部公函送达路矿两局后，直到晚上才给俱乐部回话："路矿当局对于工人所要求的条件皆可承认；但现在做不到，请先邀工人开工，再慢慢磋商条件。"这种骗术自然不能得逞。俱乐部代表刘少奇当即告知调停人："工人所希望的在于解决目前的生活问题，若两局不派全权代表从磋商条件下手，徒使一句滑稽空言作回话，事实上恐万不能解决。"15日，路矿两局不得不派全权代表到商会与俱乐部主任李立三、俱乐部全权代表刘少奇进行第一次正面接触。但是，当局毫无谈判之意，仍然要求工人先复工然后磋商条件。谈判未成。16日一早，商绅学界人士致信俱乐部，仍劝工人让步，先开工后谈条件。俱乐部再次严正申明：不答应条件，绝不复工！再次向社会各界发表宣言：

各界的父老兄弟： 米也贵了，布也贵了，我们多数工友——窿工，还只有二十个铜子一天，买了衣来便没有饭吃，做了饭来便没有衣穿，若是有父母妻子一家八口的那就只有饿死这一条路了！我们不能饿着肚子做工，所以要加工钱，我们不能赤着身子做工，所以要加工钱。路矿两局只要将那纸烟酒席费节省一点下来都够给我们要加的工钱，但我们停工已是几天了，他们还是不理，不是要强迫我们向死的路上走吗？

我们以前过的生活简直不是人的生活，而是牛马奴隶的生活，天天在黑暗地底做了十几点钟的工，还要受人家的打骂，遭人家的侮辱，我们决不愿再过这种非人的生活了，所以要改善待遇。现在我们停工几天了。路矿两局还是不理，不是要强迫我们向死的路上走吗？

路矿两局要强迫我们去死，我们自然是非死亡不可，现在两万多工人都快要死了！亲爱的父老兄弟们！你们能忍心见死不救吗？

我们要求路矿两局的条件是救死的唯一法子，不达到我们的要求便没有生路，我们也只好以死待之。

各界的父老兄弟们！我们两万多人快要死了！你们能忍心见死不救吗？

安源路矿两局全体工人同启

俱乐部则与矿局斗智斗勇。锅炉房的存煤已经不多了，如果不生产煤炭造成锅炉停产、矿井被淹，作为公司代理人的李寿铨将会成为公司的罪人。最后，矿局顾全矿产，答应于1922年9月16日午刻与俱乐部谈判。

届时，刘少奇带着13000多名工人的重托，在工人武师袁品高的陪同下，冒着生命危险到公务总汇与矿局谈判。楼下，矿局如临大敌般架着两挺机枪，威胁着工人和总代表。会上，戒严司令李鸿程威胁说："如果坚持作乱，就把代表先行正法！"刘少奇斩钉截铁地说："万余工友的要求正正当当，虽把我砍成肉泥也在所不惜！"袁品高在隔壁听到响动，一脚踢开门进来，掣出铁尺，斩钉截铁地说："谁敢动刘代

△ 一身是胆——刘少奇与当局谈判（版画）

表一根汗毛，我就打他个片甲不留，来个同归于尽！"窗外，数千工人吼声如雷："要谈判去俱乐部谈！"要求每隔10分钟就要见一次刘代表，并威胁说：如果胆敢动刘代表半根汗毛，就炸毁锅炉房，与矿局同归于尽。矿局见刘代表如此坚持，外加工人做后盾，便不敢造次；同时，锅炉房燃煤将尽，如果锅炉房熄火造成矿井被淹，矿局将无法向总公司交代。果然，矿局允诺每隔10分钟就让刘代表与工人见一次面，刘少奇每次出来，工人都欢声雷动。在各方压力和商会的调停下，矿局只能与刘少奇谈判，双方唇枪舌剑，谈判进行得很艰难，尤其在第一条"路矿两局承认俱乐部有代表工人之权"上双方谈得舌敝唇焦。矿局深知，如果承认此条款，就意味着俱乐部将长期存在，矿局将永不得安宁；俱乐部则认为，原则问题不可动摇。最后，军队和工商学代表要求双方各退让一步，锅炉房又打电话来说已经没煤了，为顾全产业，李寿铨终于松口，谈成了《十三条协议》。

9月18日上午，李立三与路矿当局正式签订了《十三条协议》：

一、路矿两局承认俱乐部有代表工人之权。

二、以后路矿两局开除工人须有正当理由宣布，并不得借此次罢工开除工人。

三、以后例假属日给长工，路矿两局须照发工资；假日照常工作者须发夹薪；病假须发工资一半，以四个月为限，但须路矿两局医生证明书。

四、每年十二月须加发工资半月，候呈准主管机关后实行。

五、工人因公殒命，年薪在一百五十元以上者，须给工资一年，在一百五十元以下者，给一百五十元，一次发给。

六、工人因公受伤不能工作者，路矿两局须予以相当之职业，否则照工人工资多少按月发给半饷，但工资在二十元以上者，每月以十元为限。

七、路矿两局存饷分五个月发清，自十月起每月发十分之二；但路局八月份饷，须于本月二十日发给。

八、罢工期间工资须由路矿两局照发。

九、路矿两局每月须津贴俱乐部常月费洋二百元，从本月起执行。

十、以后路矿两局职员、工头不得殴打工人。

十一、窿工包头发给窿工工价，小工每月（日）一角五分递加到一角八分，大工二角四分递加到二角八分，分别工程难易递加。

十二、添补窿工工头，须由窿内管班大工照资格深浅提升，不得由监工私自录用。

十三、路矿工人每日工资在四角以下者须加大洋六分，四角以上至一元者照原薪加百分之五。

至此，罢工斗争取得了完全胜利。1922年9月18日上午签订了《十三条协议》，俱乐部当天下午在大操坪集会，隆重庆祝罢工胜利。路矿两局 13000 多名工人齐聚大操坪，欢欣鼓舞，盛况空前。下午 2 时，数百名工人手持小旗，簇拥着李立三、刘少奇等人来到会场，顿时掌声雷动，继而挥帽雀跃欢呼。李立三登台讲话，宣布胜利及三方签订的《十三条协议》。每宣读一条协议，工人都要鼓掌欢呼多时。李立三宣读完《十三条协议》后指出："我们这次罢工的胜利，全在各位齐心。希望各位将此种精神永远保持着。因为我们工友的痛苦很多，一次是不能完全解决的。现在虽说胜利了，但所得的幸福究竟不多，所以这次不能解决的问题，只有留着以后再来解决，终究我们是得最后胜利的。"

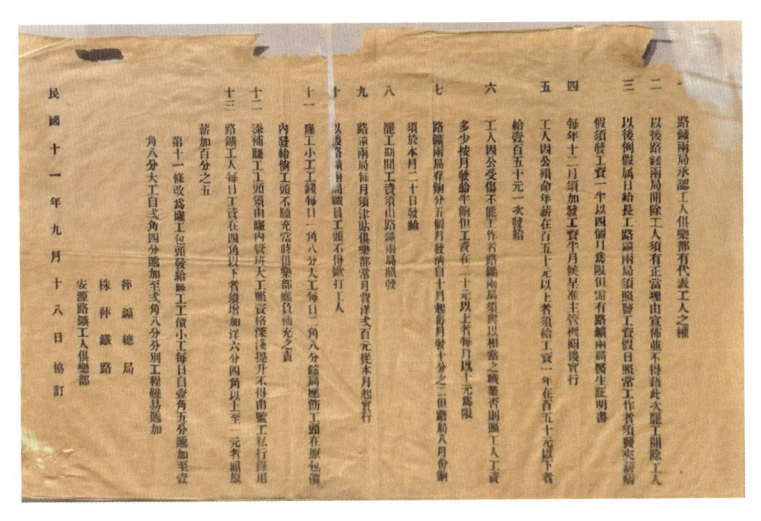

△《十三条协议》

李立三讲话完毕，全场齐呼"劳工万岁！""俱乐部万岁！"等口号。

第 3 章　安源大罢工　051

△ 安源大罢工胜利集会

同日，安源俱乐部向社会各界发布了上工宣言：

萍乡安源路矿工人上工宣言

罢工胜利了！气也出了！以前是"工人牛马"，现在是"工人万岁！"我们的第一步目的已经达到了，我们宣告上工。

我们这次所得的胜利虽然很小，但这是第一次胜利，以后第二次、第三次……的胜利是无穷的，无疑痛苦在这次不能解决的，以后第二次、第三次……再解决，只要我们自己的团体——俱乐部在这里。

我们这次罢工的"秩序、齐心、勇敢"，算是我们神圣精神的表现。各界的朋友们！你们不要说工人无知识啊！

我们得到肖镇守使及戒严司令的维持，与绅商学各界的调停得力，使我们的条件完满解决，我们深深地谢谢他们！

我们这次罢工，是安源工人出头的第一日，是露布安源黑幕的第一日，我们从今日起，结紧团体、万众一心，为我们自己的权利去奋斗！我们现在要祝：

工人万岁！

工人俱乐部万岁！

萍乡安源路矿全体工人同启

庆祝大会后，路局工人当日复工。矿局工人因需要做一些开工准备，于9月19日凌晨4时全部复工。

中国劳动组合书记部得知安源罢工胜利，即时来信祝贺：

安源路矿工人俱乐部全体工友：

诸工友这次的罢工，敝部已经看见了诸工友是很有战斗能力和组织能力的，对于诸工友这次的大胜利，敝部很佩服的欣喜的，敢向诸工友前庆祝胜利，大呼：

安源路矿工人俱乐部万岁！

全世界劳动阶级万岁！

敝部又敢用十二分的诚意敬告各工友：诸君这次的胜利，不是诸君终极的胜利，诸君终极的胜利在于把资本阶级打倒，将全世界的产业由劳动者自己管理，建设共产主义的新社会之后。诸工友为得要达到终极的目的，终极的胜利起见，在现在中国无产阶级还没有实力举行社会革命的时期，一方面要发展诸君已经学会了的战斗能力和组织能力，好打倒资本阶级；一方面要设法练习诸工友的管理能力，好待社会革命后，管理一切的产业，建设共产主义社会，这才是诸工友的真正胜利。诸工友的责任是很重大的呵！努力呀！奋斗呀！

全世界劳动阶级万岁！

共产主义万岁！

中国劳动组合书记部敬祝

刘少奇在总结这次罢工时有一段精彩的论述：这次大罢工共计持续了五天，秩序极好、组织极严，工友很能服从命令；俱乐部共用费计一百二十余元；未伤一人，未败一事，而取得完全胜利，这实在是幼稚的中国劳动运动中绝无而仅有的事。因此这一次大罢工被称为"绝无而仅有的大罢工"，工人被称为"万岁"，李立三被称为"万岁王"，刘少奇被工人称为"一身是胆"。

安源大罢工是中国共产党领导的第一次工人运动中的一部分，"这是中国共产党第一次独立领导并取得完全胜利的工人斗争"，这次大罢工意义重大。第一，罢工斗争突出了党的集体领导。邓中夏在总结中国共产党领导的第一次罢工斗争高潮经验教训时说："这里我们提出一个严重问题，就是我们在当时的确犯了一个极大的错误，这个错误不在于党与工会的关系，而在于当时做职工运动的同志未曾在工会中发展党的组织。最大的错误是党的关门主义，大家有这样的观念，以为工人觉悟程度还不够加入共产党，把许多斗争中表现很好的积极分子都推到党的门外。"而安源恰恰相反，从工人运动一开始便坚持了党的领导，并发展了党员、建立了党的组织。第二，循序渐进地进行。安源大罢工坚持了思想发动、建立党团组织、成立俱乐部的过程，工人的思想认识有了提高；在罢工前做好了统战工作，使罢工得以顺利进行；提出了切合实际的口号，赢得了社会的广泛支持；斗争中利用和分化敌对矛盾，使有利方面朝我发展，故能夺得罢工斗争的胜利。第三，把"路矿两局承认俱乐部有代表工人之权"写在了缔结条约的第一条，解决了俱乐部与路矿当局之间的契约权问题，为俱乐部长期在萍乡煤矿立下足跟奠定了基础。第四，解决了工人的诉求。工人当时迫切需要解决的是解除压迫、改善待遇、减少剥削，经济上有提高，如工人的工价、年终夹饷问题，矿局后来都兑现了，工人的生活有了很大改善，这是实实在在替工人办事，赢得了工人的支持。第五，为鼎盛时期的安源俱乐部建设准备了条件。第六，更为重要的是在大罢工复矿宣言中，安源的党组织客观地总结、提炼出了"秩序、齐心、勇敢"的安源工人革命斗争精神，其为中国共产党最早的革命精神。正是在这种精神的鼓舞下，安源工人以一个崭新的阶级登上了中国革命的舞台。

红色工业

第 4 章
CHAPTER FOUR

东方的小莫斯科

安源大罢工胜利后,稳定发展成为党组织最为重视的问题。在『二七』惨案后,安源路矿工人俱乐部在党组织的指导下进行了一系列适应性改变。而当时的安源,成了工人的『世外桃源』,成了东方的『小莫斯科』。

大罢工后，安源路矿工人俱乐部领导人带领工人乘胜前行，取得了一系列成果。1923年"二七"惨案后，毛泽东对安源工人运动提出了"弯弓待发"策略。"弯弓待发"取自韩愈的《雉带箭》，其颈联曰："将军欲以巧伏人，盘马弯弓惜不发。"意思是：他骑着马盘旋不进，拉满弓而不射箭，以威慑敌人。当时，李立三已调任武汉区委书记，刘少奇任安源俱乐部总主任。刘少奇认真贯彻了毛泽东的策略。针对贯彻"弯弓待发"策略，刘少奇在1925年4月为《中国工人》杂志撰写的《"二七"失败后的安源工会》中谈了他的认识和落实情况："安源工会眼见全国工会的失败，立取守势，并规劝工

△ 邓中夏的《中国职工运动简史》节选

第4章 东方的小莫斯科　059

人不要骄傲、不要乱动，竭力团结内部，以防资本家之进攻。同时对资本家的破坏奋斗到底，毫不退缩。"工会"又能趁着资本家与军阀勾结未深、资本家内部党派分歧之际拉拢地方商绅，制止资本家之破坏手段"。由于安源俱乐部很好地执行了这一方针，保住了安源这根工人运动的独苗，"在此消沉期中，特别出奇的要算安源路矿工人俱乐部，真可谓'硕果仅存'""但安源煤矿那时却好似工人的'世外桃源'。工会仍旧巍然独存"。

  罢工斗争取得了丰硕的成果，工人看到俱乐部确实是真心实意为工人服务的，是自己的靠山，便纷纷加入俱乐部，俱乐部会员由罢工前的700多人一下发展到了13000多人，几乎所有的工人都加入了。一些小包工头也要求加入，他们见矿方都怕俱乐部，觉得矿方靠不住了，还是俱乐部有保障，就托人向俱乐部求情。俱乐部说："这得让我们考虑一下，看你入部实不实诚，实诚就让你入，不实诚你就靠边去！"小工头为了显示自己是诚心诚意要入部，就把矿方的消息告诉俱乐部。俱乐部觉得能在矿方内部安插人员未尝不是件好事，就答应了他们。最后，俱乐部共吸收了没有表决权的400多名工头为名誉会员，连矿长李寿铨家里人也加入了俱乐部，路矿两局哀叹道："萍乡煤矿的命脉已操在俱乐部的手里了！"

  1922年10月，俱乐部按照"由极小的基本组织而至极大的阶级组织"和"采用民主集权制"两个原则，选举各级代表和职员，以十人团为最小基本单位,路矿两局共组成十人团1382个;每个十人团选举十代表一人,共选出十代表1382人;每10个十人团选出百代表一人,共选出百代表约140人;每个工作处选举总代表一人,共选出总代表45人。由全体总代表组成最高代表会议,作为最高议决机关,选举朱锦堂为最高代表会议书记。由全体百代表组成百代表会议,作为复决机关。由百代表会议选举主任4

△ 第一届工人总代表及俱乐部职员的合影

△ 代表证

人,组成主任团,其中李立三为总主任、刘少奇为窿外主任、余江涛为窿内主任、朱少连为路局主任。还选举了7个执行机关。这样,苏俄议会式工人自治机构的雏形就形成了。后来,随着实践的不断深入,某些弱点逐渐暴露出来,经刘少奇等人的不断完善,机构逐渐健全。终于,中国第一个完全由工人掌握的苏俄议会式自治机构成功建立。

新的工人俱乐部机构成立后,旗帜鲜明地提出了自己的主张:保护工人阶级的利益、反抗资产阶级的作战机关、加深工人的阶级觉悟、训育工人抵抗能力与产业管理的知识,从而为打造"小莫斯科*"做了充分的组织准备。邓中夏评价说:"(安源俱乐部)可说是议会制与苏维埃制的混合组织,诚有可议之处,但无论如何,当时该矿全体工人,已经完全组织在一个严密系统之下。"

* 刘少奇在其编写的《中国工运简史》中讲道:"二七"惨案后的工运,安源工会仍然存在,并且还有小莫斯科之称。

红色工业

第 5 章
CHAPTER FIVE

打破"包工制"，实现工人自治

安源煤矿自开办以来，一线生产一直采用『包工制』，而这一制度给了包工头盘剥工人的机会。刘少奇根据安源的现实状况灵活采取措施，迫使矿局不得不废除『包工制』，还为工人俱乐部谋求了更大的治理权。同时，为了更长远的发展，提高工人自律能力，培养工人健全的人格，大胆实施了工人自治，为后续工人管理国家工业积累了经验。

安源煤矿自开办以来，一线生产一直采用全国盛行的"包工制"。矿上的工作由大工头包揽，再分放给若干小工头，工人则受雇于小工头。每个大小工头手下都有几十或数百名矿工。工人每日由工头计算工账，因此，工人的工账经常会被克扣。经过层层盘剥，发饷之日，工人到手的工薪已寥寥无几。据统计，1917年，公司内最高工资与最低工资相差竟达83倍。西方报刊报道，公司的工人"工值最廉……机匠每月辛工自十元至八十元，折中而算，每日约合六角。小工每日仅二百文，合之美金仅一角，合之英金仅五本士。如此工食，欧美亘古所未闻也"。这样低的工薪，致使工人的生活苦不堪言。

罢工斗争胜利后，工头职员肆意剥削和欺压工人的行径受到《十三条协议》的约束，已不能再像过去那样为所欲为了，但是他们心有不甘，总想要翻盘。1922年10月下旬，他们趁俱乐部忙于改组，在一部分职员的指示下，由6名工头倡首，仿照俱乐部的做法秘密筹办了一个名为"游乐部"的组织。其计划是先把全矿400名工头组织起来，然后拉拢几千名失业工人、与工头职员有亲谊关系的工人和被俱乐部屏退的工人。待有相当把握后，由职员假借各种理由渐次解雇俱乐部部员，再以种种手段激起俱乐部部员罢工；俱乐部部员一旦罢工，即录用"游乐部"拉拢的工人，再以武力相助，一举摧毁俱乐部。他们的这一计划因是秘密进行的，不宜对外宣传，直说组织团体是为了加入俱乐部，商议改"包工制"为"合作分账制"。但他们的组织能力极差，商议间意见纷纭，争论不休。此时，李立三从长沙回到安源，有人匆促间提议在路上劫杀李立三。

当时，俱乐部已在矿局内部安插了眼线，矿局一旦有情况，眼线会马上向俱乐部汇报。1922年11月初，工人武师袁品高得知工头在三合桥一个姓李的工头家里成立了"游乐部"，便独自赶去，正遇上工头拿着一个本子点名要杀李立三。他不觉火起，大吼一声，把那6人全吓跑了，并捡了那本"游乐部"的花名册。

袁品高单独去打"游乐部"的事传到了刘少奇耳朵里，刘少奇吃了一惊，心想他这样单枪匹马去闯"游乐部"，又没有后援，莫吃了亏。忙派监察队周怀德等人去帮忙，当周怀德他们赶到时，正赶上被驱散的6名工头没命地逃，便将6人全部抓住，连同本子一并送到了矿上司法课，控告他们谋杀李立三。6名工头矢口否认，只说他们是在商议组织团体加入俱乐部和改"包工制"为"合作分账制"的。李立三拿了王三胡子的花名册及工头签字的本子来到矿局给矿长李寿铨看。李寿铨见弄巧成拙，无可奈何，只能废除了"包工制"。

俱乐部便趁热打铁，立即将窿内及窿外各工作处的"包工制"

一律改为工人"合作分账制"。规定窿内工头每月工资自10元起至30元。工人工资照罢工条件规定不变，其余各项消耗归合作账内开支，所得红利工头占15%，管理占5%，剩下的80%由工人平分。这样，工人除了自己的正当工资不再受工头盘剥，还可以拿到红利。工人极为高兴，盛赞俱乐部"破天荒地割除了'包工制'毒瘤，是切切实实替工人谋利益"。刘少奇高兴地说："于是破天荒改'包工制'为合作的办法在萍矿乃告成功了。萍矿工人受'包工制'之痛苦已二十余年，至此始完全打破，萍矿之黑幕亦将廓清，于工人之利益固属无穷；为矿局斩绝弊病，亦为实业前途之大幸。"李立三在后来追忆此事时也说："取消'包工制'是件大事，不是余波，是斗争进一步发展，是很重要的事。解放后取消'包工制'还是个大问题。"

中国工人运动杰出领袖邓中夏在1930年所著的《中国职工运动简史》中对安源路矿工人俱乐部打破"包工制"给予很高的评价："这样一来，该矿二十年来的'包工制'被打破了。不仅使工人不受中间阶级的剥削，且为矿局廓清积重难返的弊病。"

1923年夏，矿局个别职员采取对个别工人加工资的手段，企图分化工人队伍，闹得工人很不团结，工人有意见，纷纷到俱乐部诉说情况。刘少奇得知情况后，到工人中进行了调查，召开了俱乐部干部会。会上形成了两种意见：一种认为要向矿局施压，要加大家都加；另一种认为罢工至今已经普遍加了一次工资，并且还拿了年终夹饷,现在再闹事只怕会被矿局钻了空子,为动武镇压找借口。

刘少奇经过反复掂量,认为第二种方法更可取。第一次世界大战结束后,各资本主义国家认识到了钢铁产业的重要性,纷纷发展钢铁产业,依靠国外市场的汉冶萍公司对外销售受阻,公司已处于倒闭的边沿,如果现在提出罢工和增加工资,只会授人以柄;况且,俱乐部的长远目标不只是增加工人的福利,而是要为整个阶级服务。

在刘少奇的主张下,干部们统一了思想,决定与矿局斗智不斗力,用软法子拖它。

加工资的事一天天发酵,工人开始纠缠矿局,轮番到公事房找矿局,多时数千人,使得矿局职员无法工作,叫苦不迭,可又没有办法。矿局却把责任往俱乐部推,说俱乐部和工人"骄横不受管束,非请求赣军蔡督军实行武力痛加惩创——取消俱乐部,别无办法"。

这时,俱乐部赶紧"撇清"与此事的关系:此次风潮"系矿局职员惹出,事前俱乐部并未与闻,因即声明对于此次问题不能负责,仍请矿局负责解决……"

矿局自知惹火烧身,生怕惹出麻烦来被总公司责怪,只好派总监工工鸿卿到俱乐部找刘少奇出面解围。

1923年6月15日,刘少奇偕窿外主任陆沉到公事房与矿局谈判。

刘少奇坚持给工人加发两个星期假日的工资,免得风潮再扩散。况且端阳假日来了,矿局得为工人的眼前利益着想。

李寿铨盘算再三。给工人发两个星期假日的工资,全矿须付七八千元,矿局万万承担不起。只得再三请俱乐部帮忙,不要使风潮扩大化,帮助矿局渡过难关。

谈判进行了一个上午,没一点儿结果。

6月17日,工人见矿局无诚意,又纷纷包围公事房。除了要求矿局答应给工人增加工资外,还要支领本月工资过端阳。李寿铨整整一天被围困在公事房出不来,只得答应工人立即与俱乐部商量办法,工人这才回家。李寿铨在日记中这样写道:"工人为支钱,又喧嚣竟日,至晚八时始回家。"

刘少奇则有更深入的想法:俱乐部经过改组,队伍扩大了,但办公场地却拥挤不堪,需要一座新的俱乐部大厦来发展事业,不如趁着这次闹工潮把这件事一起搞定。他与俱乐部代表商量,大家都支持他的提议。6月19日,刘少奇再次踏进矿局大门时,经过反复商谈,拟定了以下七条:

萍矿总局与安源路矿工人俱乐部协订条件:
一、凡薪资每日在一元以上之工人,上年罢工时未增加工资者,照原薪增加百分之五。

二、矿局每月津贴工人俱乐部经费一千元（原有二百元之津贴在内）。从十二年七月起付给。

三、矿局以后增加工人工资，须通知俱乐部。

四、矿局对于学徒，每年须考查其成绩一次。

五、俱乐部对于矿局出产应竭力维持，照现人数，使每日平均出产额达到二千三百吨以上数目。

六、矿局所钉工人通守规则，无论何处工人及代表，皆应共同遵守。如有违犯，照该规则办理。

七、以后工人如有事项，应由俱乐部主任团与矿局接洽，不得动辄聚众喧扰要挟，并不得动辄罢工妨碍工作，如有此项情形，应由俱乐部负责。

依据第二次与矿局所订协约第五条和第七条的规定，矿局实际上已经给了俱乐部自治权。

1922年，中国劳动组合书记部在领导劳动立法中提出的法案就确立了"劳动者应获得政治自由、改良经济生活、参与产业管理、得受补习教育之四大原则"。刘少奇指出："俱乐部的宗旨除保障工人利益外，还提倡工人自治，促进实业进步，在工作上服从职员责任范围内之正当指挥，都是俱乐部的主要任务。"让工人参与企业管理，实行工人自治，正是工人阶级当家做主的表现，是为之奋斗应该争得的正当权利。

推行工人自治就是工人参与企业管理，工人不再只是被动的生产者，还是生产的管理者和参与者。

与矿局签订协议后，刘少奇便去了解情况。1922年大罢工胜利后，工人的地位得到了空前的提高，但也因此产生了一种虚骄倾向，动不动就要罢工，以为财富是罢工斗争争取来的，有的甚至用罢工对待俱乐部；不服从职员指挥，工作不干满点，干三四个小时就出班，有的工人甚至说："现在我们有了俱乐部保护，闯出祸来有俱乐部乘肩。"产量由高峰期的日产2700吨降至千吨以下。除此之外，工头以工人不服从管束为由放任自流；煤桶长期运转而未添置，造成缺少煤桶影响生产；机器年久失修等问题也是影响生产的因素。针对工人动不动就要罢工的问题，刘少奇严厉批评说："罢工是工人的武器，不是好玩的，是对待敌人的，不是对待自己团体的。我们工友有些要求不遂，即行部分的罢工，以罢工是随便可以举行，或者以罢工来对待俱乐部，这是怎样的错误！望各工友切不可轻于动武，不要拿武器杀自己家里的人！"

刘少奇提出了一些切实可行的整顿萍乡煤矿的办法：①总平巷九段、十段煤质不好，应该停工，将工人调往煤质更好的直井采煤。②窿工处"工程窿"久未做会造成后备接替紧张，现在的火药已经采到，应立即开工。③萍乡煤矿现在每日出煤2000吨，煤桶还不够，将来若增产500吨，煤桶会更加紧张。产量增加500吨，则需1000只桶，因此必须增加新桶。为节约起见，可以做木桶，萍矿自己能够做。坏了的煤桶现在还有540只，只是缺胳膊少腿的，可补齐重新使用。④洗煤台为全矿出产咽喉，现每日洗一千八九百吨。若每日增产500吨，可开动小洗煤台。又洗煤台机器应保持完好，以免停车。洗煤台洗过的壁（矸渣）每日有七八百桶，内中杂炭有四五成，即以弃掉，实在可惜，现有磨壁机一架，每日洗壁沫六七十桶能得净煤二十四五桶。若将所有壁沫加洗一次，那么每日可得净煤百余吨，每月增加出产数千吨。现在有旧洗壁机一架，新的也做好了，放弃不用可惜了。⑤总平巷四五段的冷气窨，常因冷气不足不能开车，至四五段的炭运不出去。四五段是平巷出炭最旺的段，应该使冷气正常运输，或改用电车。

推行工人自治的另一途径是推行各种自治机构。

在推行工人自治的过程中，俱乐部不仅专门制定和颁布了自治条规，严令禁止各种不服正当管束、赌博斗殴的行为，而且专门组建了各种工人自治机构。其中在参与企业管理、维护萍矿正常生产方面贡献最大的当属出产整理委员会。1924年6月1日，俱乐部"第31次最高代表会议议决组织'出产整理委员会'，负责整理萍矿出产，提倡工人自治；此委员会直隶于本部主任团，并受它的指挥"。出产委员会自成立后，"对于萍矿出产竭力维护；由各委员轮流分日夜进班观察，对懒惰及出班太早之工友，常予以相当之警告与裁判，以期实效。近日萍矿出产，吨数日有起色了"。工人实行自治后取得了良好的效果，刘少奇、朱少连编写的《安源路矿工人俱乐部略史》中就记载了一段落实第二份协议规定的工会履约维护产业而召开的联席会议：

现在萍矿出产减少，在工人方面故不无过错，但矿局缺失煤桶及缺少材料与工头职员对于工作上全不负责，实为主要原因。不料矿局恐见责于公司，将此种出产减少之错过，悉数委之于俱乐部，知之者固不值一哂，不知者且将以讹传讹，俱乐部之冤将终无剖白之日了。故俱乐部于前此风潮经过后，即召集各处总代表与矿局矿师及总管段长等开一联席会议，共商整顿矿局出产办法。始则提出出产减少之原因：第一为缺桶；第二为工头职员在工作上太不负责；第三为一部分工人见职员工头完全不负责，亦效尤偷懒，不服指挥。对于这数种原因之补救办法：由矿局添制新桶，赶修烂桶，严令各工头在工作上切实负责。在俱乐部训示工人竭力作工，在工作上服从工头职员责任范围内之正当指挥，如有故意违反，即照规则办理。自此会议后，烂桶复旧已陆续修起，新桶亦逐渐添造，最近每日煤炭出产已超过二千一百吨，渐恢复旧日原样。由此可见出产减少之原因，大部分实应由矿局负责，亦可见俱乐部维持产业之诚意与努力了。

对于为什么要组织出产整理委员会，刘少奇在《整顿萍矿意见书》中作了说明：萍矿工程组织各部均有密切关系，如有一部分工人出班太早，则影响出产甚大，故须严加整顿，限制工人出班时间。

推行工人自治的目的是为工人今后管理国家机器积累经验。

刘少奇说："工人组织团体的目的极为远大！将来还是要管理世界一切的。"安源工人有更大抱负，他们今后还要接管国家机器，所以现在实行自治为的是为今后管理国家机器积累经验。

推行工人自治还为了整治工人的不良习气，帮助工人培养一个健全的人格。

安源工人有嫖、赌等不良习气，工人说："发了饷，三天晃。"意思是钱放在口袋里三天就没了。又说："钱总是生不带来死不带去，世上的钱哪里赚得尽？用完了去赚就是。"这便是安源工人"今朝有酒今朝醉"的畸形消费观，也是安源工人贫困的原因之一。

俱乐部改组后便严格抓赌博，工人认识到自己再不是以前的散兵游勇了，迫切需要改变自己的形象。同时，工人认识的提高使俱乐部对禁赌更加有了信心。一方面加强宣传，以工人的切肤之痛来劝说工人，如土炉炼焦处工人胡子厚写的《嫖赌歌》："一个月的饷，嫖了一半，赌一个精光，落得一身破衣裳！爷娘坐在家里望，望你的钱来买米粮，儿女饿得满屋哭，婆娘骂你个狠心郎！"以生活的事实现身说法，帮助工人提高觉悟。另一方面，俱乐部最高代表会议制定了处罚赌博会员办

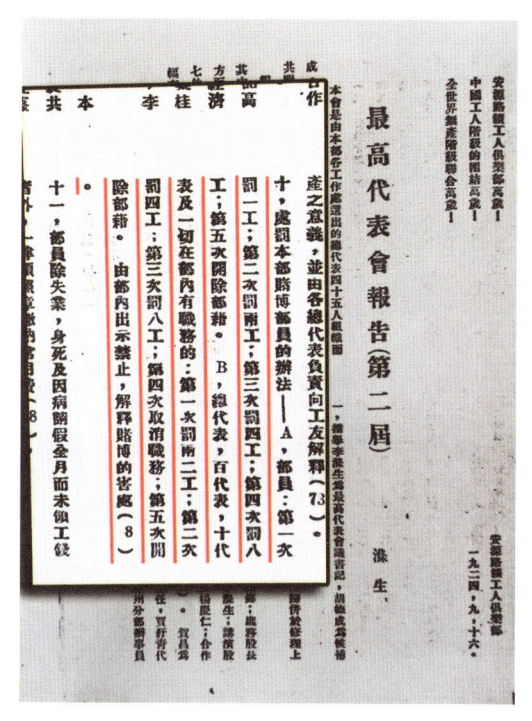

△ 俱乐部最高代表会议处罚赌博会员的办法

法并成立了禁赌行动小组，以监察团为主要力量，又在各片区布有暗线，工人中有违反的，第一次喊到俱乐部诫勉谈话，第二次开除部籍，凡开除部籍的工人，矿方不得安排工作。有了教育和惩处措施，赌博现象在安源山里消失了，工人有钱寄给家里了，家庭和睦了，到处是和乐景象，家属们纷纷来俱乐部向李立三、刘少奇表示感谢。赌博的人没有了，赌博生意自然也落寞了，一些以博彩业为生的商人只得改换门庭做别的生意。路矿局也不得不佩服俱乐部的能力，矿长李寿铨说："数千

第 5 章 打破"包工制"，实现工人自治

年的赌博风气，没有谁治得了，唯独俱乐部治得，可见他们的力量。"

1922年12月17日出版的《工人周刊》中刊载了《安源劳动运动现状》，其中对安源工人自治有如下记载：

大罢工胜利以后，工人俱乐部势力大增，工人个个气势均可压倒世界那派剥削的人。但因此未免得胜而骄，对于平时深恶痛绝之职员、工头，常常反以老拳相对。俱乐部此时通告禁止，并通告工人自治条规，而数万工人无不奉为确石。如是工人作工，更加勤勉，有无端闹吵者，皆群起而攻。所有各项不能解决之交涉，均由俱乐部办理，如是工人秩序较前更嘉。自禁赌凶殴闹吵，自禁不勤工作，所以那派工头职员的怠工故意不干涉工人工作，想借以破坏工人秩序的暧昧手段，无从施巧了……在工人所有各项交涉，矿局工头、职员等皆不能解决，必待俱乐部的裁决方能解决。如司法科从前案件纷纭、门庭若市。自罢工后，一月以来，竟成了深山古刹，足迹罕少，因所有问题不至司法科而至俱乐部故也。俱乐部一方能使工人自治，一方能解决工人间之纠纷，工人对俱乐部之信仰既如此之坚，萍矿之命脉，已操之俱乐部之手。

工人自治取得了很大的成绩，刘少奇说："工人罢工后，生活大加改善，地位大加提高，人皆称工人'万岁'，工会有最高的权利,有法庭、有武装,能指(挥)当地警察及监狱。"可见当时俱乐部的权利有多大!

工人自治后,全矿各项工作都有了起色,产量回升、矿局欢喜,俱乐部与矿局之间紧张的关系有所缓和。

红色工业

第 6 章
CHAPTER SIX

创办工人消费合作社

经过罢工斗争，工人虽然钱挣得多了，但由于商人的剥削，到手的工资很快就被敲诈一空，工人的生活依旧困苦。为了让工人摆脱中间商的剥削和欺压，买到价格合理的生活用品，早期党组织想办法创办了安源路矿工人消费合作社。

安源的中间商同样剥削工人，一到工人发工资时，物价就上涨，工人不仅受矿局的欺压，还受中间商的欺压。1922年5月1日，安源路矿工人俱乐部成立，因当时俱乐部对外宣传的宗旨为"联络感情、交换知识"等，所以工人加入俱乐部并不积极踊跃。为吸引更多的工人加入，李立三根据中国共产党第二次全国代表大会附加决议案中"工人消费合作社是工人利益自卫的组织，共产党应该注意活动此种组织"的意见，提议创办工人消费合作社，使加入俱乐部的工人都能买到价格合理的生活用品。经过一段时间的细致筹划，俱乐部从长沙文化书社等处筹得股本100元，于1922年7月成立了安源路矿工人消费合作社，附设在安源工人补习学校内，由党支部书记、工人俱乐部主任李立三兼任总经理，由株萍铁路工人从长沙顺便带货来，免去了许多运费。货物以比较低的价格卖给工人，减轻了中间商的剥削。当时，合作社有社员30多人，主要经营为数不多的布匹和日用品，并以"可买便宜货"为口号对外宣传。工人得到了实际利益，加入俱乐部的人逐渐多了起来。

1922年11月，中共湘区委派易礼容、毛泽民、唐升超、毛福轩等到安源协助办社，易礼容任总经理。当时，安源路矿工人消

△ 安源路矿工人消费合作社

费合作社社员已增至 1.3 万人，资金增至 1.8 万元。工人消费合作社经过改组和扩充，于 1923 年 2 月 7 日租用了安源老后街刘协记杂货店，独自设立门市对外营业。此时的合作社总面积 450 平方米，为一幢砖瓦结构的二层红色小楼。一层摆放着一排长约 3 米的柜台、一个 2 米多高的大货架和一些昔日用过的方角米桶等。营业情况非常好，每月可销售大米 500 石、食盐万斤、食用油 4000 斤、煤油 2000 斤，布匹市值约 3000 元，其用值千余元，兑换约换洋 2 万元。此外，还代售《向导》《新青年》《先锋》《工人周刊》和《京汉工人流血记》等革命书刊。售货总额每月近 13000

元。这在当时仅有8万人的安源是很可观的。安源其他大小商店（约1500家）的营业情况因此受到影响，遂多方排挤、竞争。然而，工人消费合作社社员约占本地人口的2/3（工人及其家属总计约5万人），商家"只能徒唤奈何而已"。

1923年3月，易礼容调离安源，由兑换股经理毛泽民代理总经理。之后，合作社进一步扩大和完善。后又在新购置的俱乐部办公楼内增设一店，专售布匹、南货。后又在新街开办了第一分社，内设粮食、兑换、南货三股。这样一来，到1923年8月工人俱乐部第一次换届选举时，合作社所辖商店由1个增加到了3个，管理人员和营业人员由20多人增加到了约40人。1924年下半年，合作社与工人学校妇女职业部合办了一个出品发卖所，实际上是供学生实习的缝纫工厂兼服装店。该所购置了缝纫机多台，在老后街合作社附近租房一栋，"以楼房做学生工作室，雇有熟练工八九人，定做各种中外服装，工作情形，颇为完善"。

消费合作社一开办就设立了兑换股，其具有钱庄的职能。当时，安源的兑换业务主要是银圆兑换铜圆。工人所得工资中的银圆一般需要换成铜圆零用。而当时的商家便在工人发工资的时候故意压低银圆价格，从中盘剥。当时的市价，银圆1元可以换铜圆210枚，而工人从商家那里往往只能换到铜圆200枚甚至更少。因此，工人消费合作社一开办，就设立了兑换股，按照正常市价给工人兑换，免于工人受商家的剥削。

1923年春，最高代表会议决定，合作社印发铜圆票数千元，以弥补资金不足。《招股简章》规定："以五角为一股，分为二十万股""本部部员每月薪在九元以下者劝认一股，九元以上者劝认二股，多认者听便""股息每月以八厘四计算。每年红利作十分，以四分摊分于各股，三分留为扩充社务之基金，二分为俱乐部基金，一分为社内办事员酬劳金"。总经理毛泽民说："去年九月罢工胜利以来，俱乐部办事人深知要减轻工友生活负担，惟有扩充消费合作社一法，于是重新提议，添加股本。工友们亦以自身利益所关，特别踊跃投资，除捐助旧年年终夹薪一部分外，每人更认股若干，至今已共集资一万余元，中国仅有的一个安源路矿工人消费合作社遂于二月七日开始营业了。"

开始营业时，合作社对买主未加限制，有些商人便乘机套购，转手倒卖牟利。为了杜绝这一现象，合作社实行了凭证购货的办法：

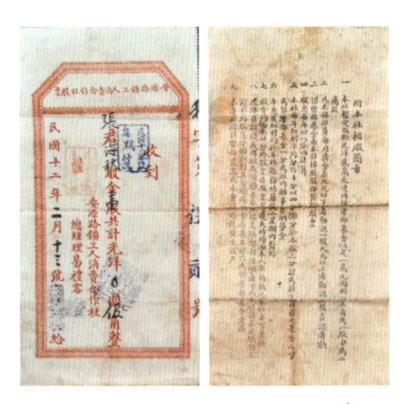

△ 安源路矿工人消费合作社股票*

* 安源路矿工人运动纪念馆珍藏的安源路矿工人消费合作社股票为安源工人梁德生于1922年2月13日认购的，1974年维修安源路矿工人消费合作社旧址时从墙缝中找到。1994年5月7日，经国家文物局专家组审查鉴定为一级藏品。

给社员发一木质购物证，持此证方可购买社内低价商品，否则按市价购买。又规定：兑换铜圆亦须凭购物证，且每人每天只能兑换一次，每次只能兑换1元，每人每月可兑换10次。这些措施有效地保护了合作社的平稳运营和工人的利益。

鉴于社内因事权和经济不统一而不利于经营和管理的情况，1923年7月，社务进行了一次整顿。一是改过去的"四柱清册"记账*为新式记账簿，统一账簿格式。二是完善了各种制度。当时合作社营业员实行聘用制。要成为一名正式的营业员须有两名负责人介绍，还要得到俱乐部主任团的同意并有担保人，担保人保证金为500元，营业员须经两个月的实习方能正式聘用。

* "旧管""新收""开除""买存"是我国传统的记账方法。

1923年8月，工人俱乐部换届选举后，毛泽民被最高代表会任命为消费合作社总经理。由于服物股经理陈枚生私自挪用公款1000元，而"事前总经理及工人职员毫未发觉"，又发现俱乐部几名干部向合作社借款长期不还。为此，最高代表会议和干事会对此极为重视，多次开会彻查原因、总结经验教训，并做出了严肃处理。除对陈枚生另行处理外，对总经理毛泽民因失察进行了批评，并任命林育英为营业主任。最高代表会议通过了合作社整理计划22条，对社务进行重新整理。经过多次整顿和不断改进，合作社的组织和制度逐渐趋于完善。尽管路矿两局从1924年下半年起经常欠饷，使合作社经营大受影响，但1924年全年销售总额仍达76000多元。到1925年9月被军阀封闭洗劫前，合作社"股本四万余，每年营业额达四五十万元"。

安源路矿工人消费合作社是全国第一个，也是当时仅有的一个工人消费合作社，是中国工人阶级第一个经济事业组织。它的创办和发展对于改善安源工人的经济生活、团结工人坚持斗争发挥了积极作用，并为中国共产党领导经济事业积累了经验、培养了干部。中华苏维埃共和国银行的第一任行长便是曾在安源从事经济工作两年多的毛泽民。此外，曾任消费合作社营业主任的林育英（又名林仲丹，化名张浩）后来成长为中国工人运动的活动家。中共韶山支部早期党员毛新枚和书记毛福轩、衡山农运干部李渭璜等都在合作社当过营业员。

安源路矿工人消费合作社还是中国共产党发出反腐倡廉第一令的地方。为了能忠实地为职工群众服务，防止个人谋取私利，1923年8月，安源路矿工人俱乐部制定了诸多监督制度，如《安源路矿工人俱乐部总章》《安源路矿工人消费合作社办事细则》《消费合作社办事公约》等，这些是中国共产党最早的反腐倡廉规章制度。1923年4月1日，最高代表会议成立了经济委员会，负责管理和审查全部经费开支。经济委员会下设保管部和审查部。审查部负责审查俱乐部的一切经费开支，对会计股、庶务股、教育股、消费合作社的账目每月审查一次。审查无讹后，由审查部主任和委员盖章，张贴于俱乐部门前，向全体部员公布，直接接受部员监督。1924年8月，经济委员会改组为经济审查委员会，只负审查之责。以上规章制度对经费的审批、报告、审计、违规追责等做了明确规定。其为党领导下的最早的廉洁奉公和反腐倡

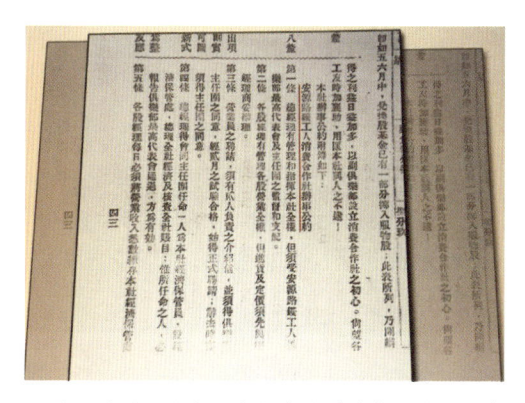

△ 安源路矿工人俱乐部制定的《消费合作社办事公约》

△ 安源路矿工人俱乐部制定的《消费合作社办事公约》贴上墙

廉规章制度，也是党审计制度的最早实施。

消费合作社服务股经理陈枚生无视俱乐部规章制度的严肃性，私自挪用公款 1000 多元。为此俱乐部查封了他的房子，限令其退还公款，并经最高代表会议决定撤销其职务。中共安源地委于 1924 年 5 月向中共中央扩大执行委员会报告了这一情况。中共中央局对这个问题也很重视，并将它作为一个重要问题向全党和共产国际报告。此案成为中国共产党党史中反腐肃贪第一案。1924 年 2 月 16 日，《中国青年》指出："安源这种事实看起来，已明确地告诉我们：只要组织能精密而系统，同时造就绝对服从纪律的精神，中国人绝不至于是一盘散沙。"

安源俱乐部是全党活动经费的储备点之一。由于俱乐部组织的壮大，经过斗争迫使当局按月拨给津贴，再加上经济事业的发展和经济工作的加强，工人俱乐部逐渐积累了比较雄厚的活动经费。各项经费收入共计 2 万多元。此外，其他地区的工人遇重大事件需要经济援助时，只要俱乐部号召，安源工人就会踊跃捐献、解囊相助。1925 年五卅惨案发生，为了反抗日本资本家对中国工人的迫害，支援上海日本纱厂女工的罢工斗争，1925 年 6 月下旬，安源工人俱乐部致信上海总工会并捐款，还在各界、各阶层动员捐献钱物和写慰问信。为了能筹集到更多的物资，俱乐部剧场门口放了一只木桶，上面贴了一张写着"向五卅惨案罢工的工友捐款"的红纸，希望工人能够尽己所能进行捐赠。当时矿上已经几个月没发工资了,尽管工人们饥寒交迫,仍展现出了极大的热忱,纷纷慷慨解囊。俱乐部当时估计捐款能有100多元,而实际捐款达1000多元,还有很多工人想要捐助,但因囊内空空,为此惭愧不安。随后,捐款和慰问信由萧劲光带到上海,慰问了罢工的工人。*

在1925年9月惨案前,安源工人俱乐部一直是中共全党活动经费少数几个储备点之一。罗章龙回忆说:1923年,中国共产党第三次全国代表大会后,我担任中央局秘书兼会计,经管全党活动经费。当时,除共产国际定期拨给一部分经费外,党的活动经费的主要储备点,在北方是全国铁总,在南方是安源。安源在取得罢工胜利后,积累了比较雄厚的工会基金,除自己已举办了颇具规模的工人消费合作社和工人教育事业外,常给各地工会提供经费援助。

安源路矿工人消费合作社的创办和发展,在党领导的早期工人运动史上是绝无仅有的。中国共产党早期的领导人和杰出的工人运动领袖邓中夏,在1930年所著的《中国职工运动简史》中阐述关于"二七"惨案后"硕果仅存的安源工会"时,"安源工人俱乐部当时取得了很多成绩,最大的为消费合作社、工人教育等"。

* 萧劲光回忆说:"1925年,上海发生了震惊中外的五卅惨案……安源工人俱乐部领导所属13000多工人,开展了声势浩大的罢工、游行等声援活动。工人俱乐部还发起了捐款活动,在各界、各阶层及工人中,动员捐献钱物支援上海罢工工人。6月,安源党组织派我作为代表,携带8万元(报刊记载为800元)和慰问信,去上海慰问罢工工人。"

△ 罗章龙关于"中共全党活动经费的少数几个储备点"的回忆

大罢工及其后续的一系列组织工作和斗争使得工人俱乐部得以进一步发展和巩固，同时有《十三条协议》规定的路矿两局按月津贴，在政治上、组织上和经济上为发展工人教育事业打下了良好的基础。1923年8月，刘少奇在《对俱乐部过去的批评和将来的计划》报告中指出："使无产阶级团结起来，养成无产阶级支配社会的潜伏势力。"根据这一认识，结合安源的实际情况，他将"训育部员、提高工人阶级的知识并训练工人做事的能力"列入工人俱乐部前进的方针。

在安源党组织看来，工人教育并不仅指工人学校教育，还应包括全部宣传工作和群众文化娱乐体育活动。所以，工人俱乐部及其所属教育股、讲演股和游艺股都属教育机关。教育股管理工人学校（包括读书处）、阅报处、图书馆，是日常对工人进行思想理论教育和科学文化知识教育的主要阵地。讲演股是向工人和社会各界进行革命宣传的常设机构。游艺股管理群众性的文化娱乐活动和体育活动。

根据1923年1月工人俱乐部最高代表会议审查通过的教育事

业扩充计划，工人补习学校暨工人子弟学校于1923年下半年由3所增加到7所。此时，路矿两局仍有不识字的工人3000多人，照原本的速度发展，要使工人都识字，尚需10年。为了加快工人脱盲，俱乐部于1924年年初决定在各工作处设立读书处，就近招收不识字的工人，专门进行识字教育。1924年下半年，6处读书处学生共442人，加上补习部学生，在校学习的工人总数达1046人，加上子弟班、妇女职业部、师范班，在校学生总数达1600人。1925年上半年，读书处增加到13处，最多的时候达16处。1925年9月18日，长沙《大公报》报道：安源工人学校"补

△ 安源路矿工会学校教员合影

习、子弟、妇女职业三部统计已有学生一千七八人,年支教育经费一万五千元"。

△ 1924年年初成立的安源妇女职业学校学生合影

安源劳动童子军创建于1924年上半年,有一个团,下分3个队8个排,共64人。童子军制定条规,实行严格的纪律,定期进行操练。其任务是协助俱乐部监察团站岗放哨,遵照俱乐部的决定开展革命宣传活动。安源因此成为中国少年先锋队的诞生地。

为了解决师资问题,俱乐部从外地聘请了50名教员,但依旧不能满足教务工作需要。由于经费有限,不能从外地增聘更多的教员,且应聘教员"都是学生出身,多半不了解工人的心理",于是,俱乐部决定自己培训一部分教员。1924年10月便创办了师范班,附设在工人学校第一校,招收文化水平较高的工人30多人,开设国语、谈话、常识等课程，培训 4 个月，毕业后即分配到各读书处任教员，并给予少许报酬。

当时尤值一提的是工人红色文体活动。在工人夜校开办之初，为了提高工人的学习兴趣，老师教大家唱歌、演奏乐器、耍魔术、玩扑克牌、爬山、做游戏、拔河等，吸引工人来上学，也因此定下了安源红色文体活动的基调。

"二七"惨案后，党中央将谢敬贤、陆沉、庄有义、毛泽民、贺昌、黄五一、李求实、陈潭秋、林育英、何葆贞、黄静源、徐全直、汪泽楷、萧劲光、袁达时、胡士廉、任岳等干部留在了安源，这些同志有的在俱乐部，有的在各学校当教员，他们多才多艺，尤其擅长文体活动。

安源工人因为文盲率高、工作苦，无政府主义、公职协济会、圣公会结成的反动联盟宣扬及时行乐，与俱乐部争夺青年，部分工人被拉下了水，这对俱乐部而言是个很大的冲击。为了"挽救此鲜花般可爱的青年部员之堕落，而消除此未来之隐忧"，共青团安源地委于 1924 年成立了安源青年工人同乐会，不久划归俱乐部教育委员会管辖，充分利用老师多才多艺的特点，开展丰富多彩的文体活动，以吸引青年工人，同时使他们健康发展。工人俱乐部还购买了电影机、幻灯机、足球、篮球、羽毛球、胡琴、笛子、洋鼓、洋号等，开展演文明戏、唱革命歌曲、赛跑、踢足球、打篮球、打羽毛球、跨高低栏等丰富多彩的文体活动。在安源当老师的萧劲光回

安源工人革命文化举例		
文化艺术	小说	《回去问爸爸去》等。
	诗歌	《劳工记》（又名《罢工歌》）、《五一纪念歌》、《挑炭工人四季叹》（）、《四季农夫自叹》、《螺蛳歌》等。
	戏剧	工人剧本《一个可怜的家庭》、新剧《革命之花》、《解放之路》、《上海工部局的童工保护法》、《谁是友谁是敌》等。
	曲艺	双簧《工人叹》、单黄《工农苦》等。
	音乐舞蹈	《安源路矿工人俱乐部部歌》、《工友联盟歌》、《伟大的劳工》、《国powershell歌》、单人舞、双人舞等。
	电影幻灯	俱乐部游艺委员会下设电影部，除放映电影外，还经常放映幻灯。
	化装讲演	《五一历史和五一的意义》、《马克思历史和马克思主义》、《帝国主义与中国》、《二十一条与萍矿》、《我们的胜利》等。
	出版发行	编辑出版《安源路矿工人俱乐部罢工胜利周年纪念册》、《安源路矿工人俱乐部第二届报告册》、《安源旬刊》等，代售《向导》周报、《中国青年》、《劳工青年》、《平民之友》等。
体育		体操、国术、弈棋、足球、网球等。

△ 安源路矿工人俱乐部文体部分项目

忆说："每两星期或一月开游艺会一次，演奏各种使工友能得益的游艺，如电影、幻灯、音乐、新剧、科学讲演之类。"开展健康的文体活动，不仅丰富了青年工人的生活，健康了他们的体格，还把他们从"三角联盟"的腐蚀中拉了回来，把他们紧紧地团结在党团和俱乐部周围，为革命培养人才、积蓄力量。

萧劲光回忆说："在安源，我还组织了足球队，教青年工人踢足球。"安源工人、1955年被授予中将的唐延杰回忆说："礼拜天组织赛球和乒乓球……工人俱乐部有个青年部，主要由青年团员的活动分子组成，专担任革命宣传活动，演文明戏（话剧）、比赛足球。"

将军吴烈在《忆安源路矿工人革命运动》中也讲道："运动股经常组织青年工人在俱乐部门口的操场上，举行这个厂与那个厂的足球比赛。我那个时候很喜欢去看，有时也上场踢。就这样，我们工友的文化生活逐渐活跃起来，加深了我对幸福生活的向往。"

通过文体活动，工人的目光更远大了，他们深知工人阶级只有解放人类才能最后解放自己的道理。1925年，日本、英国等帝国主义在上海制造了五卅惨案，引发了上海工人的大罢工，这也标志着大革命高潮的到来。为了声援上海工人的大罢工，安源路矿工人俱乐部青年同乐会到处演出，揭露以日本、英国为首的帝国主义的罪恶，同时在工人中组织为上海纱厂工人募捐的活动。在新建成的俱乐部大厦门口放一只木桶，上面贴一张红纸，写着"向五卅惨案罢工的工友捐款"。尽管总公司欠工饷数月未发，安源工人已是饥寒交迫，仍然纷纷慷慨解囊。

讲演股主要是在各种重大集会游行时抛撒传单、张贴标语，讲演，辩论等。俱乐部成立了专门的讲演股，鼓励工人演讲，注重培养工人对所学知识的实际运用能力。工人登台演说，三五句都行，很多人通过锻炼，能说能记，为后来领导湖南农民运动打下了基础。株萍铁路委员长朱少连于1926年5月在第三次全国劳

△ 安源路矿工人俱乐部演讲大厅

动大会上的报告指出："最近湖南各县之农民运动，其主持与帮助者完全是战败的安源路矿工人。湖南农民运动在两个月之期间，已有高速的发展（已有组织者二十九县，人数二十余万多）。"这与俱乐部对安源工人的培养分不开。如袁品高任湖南省农民运动会特派员，谢怀德被派往湖南桂东等县任农运特派员，浏阳籍安源工人袁德生被派往萍乡县境株萍铁路沿线开展农村工作，醴陵籍安源工人易子义被派往长沙近郊做农运工作，安源路矿工人消费合作社店员毛福轩和毛新枚在湖南湘潭韶山冲创建了中国共产党第一个农村党支部……

在1928年出版的一种反动派的刊物里，署名"石"的人在《共党在安之教育概况》中写道："安源共党之所以有根深蒂固的基础，确实是过去共党在安源有充分的'赤色教育'。过去六七年前的安源工人，都是土头土脑，不知道怎样叫作开会，也无人能在开会场中说一篇话，演一篇讲，更无人知道什么叫作团体组织。迄自共魁李隆郅等，前往安源组织工人俱乐部后，把那些组织团体的常识都输入了。从前不会说话的人，公然能在大会中说起话，演起讲来！"这份材料虽然是反面的，却也从侧面证明了安源路矿工人俱乐部在工人教育方面的能力。邓中夏在1930年所著的《中国职工运动简史》中阐述关于"二七"惨案后硕果仅存的安源工会时说："安源工人俱乐部当时有很多的成绩，最大的为消费合作社，工人教育等。"

萍乡煤矿从开矿一直到罢工前实行的都是"包工制"，全矿有大小包工头400多人，工人在包工头手下做工，不与矿上发生直接关系，劳动介绍权直接操纵于包工之手，因此工人受到各式各样的虐待。罢工斗争胜利后，打破了"包工制"，1922年11月，经最高代表会议决定成立了劳动介绍所，劳动介绍所直接操纵于俱乐部之手，劳动介绍所不仅如李求实所言"本部为预防工人失业起见，特设劳动介绍所"，而且俱乐部与矿局签订了协议，以后增加工人，须尽先由俱乐部劳动介绍所安排。所以，劳动介绍所保护的是工人团体契约权，亦是俱乐部代表工人的权利，更是确保俱乐部本身存在的必要措施。

劳动介绍所初期"方法未尽完备，外界情形又实困难，加之工人对劳动介绍所之作用多不明瞭，失业后多不来报名；以致虽设立将及十月，而成效殊鲜"。到1923年8月俱乐部换届选举时，报名的失业工人仅197人，经劳动介绍所介绍就业的仅36人。俱乐部换届选举后，最高代表会议和干事会议陆续做出了一系列加强和改进劳动介绍所工作的决议。例如，加入工人俱乐部都应由劳动介绍所介绍并通知会计股、合作社和文书股，根据劳动介绍所的通知，会计股收入部费，合作社卖给股票，文书股才给注册；不是劳动介绍所介绍到路矿做工的工人，须在俱乐部最高代表会上通过，并由原先的工作处划分排号介绍改为按工种（自报会做何种工作）划分排号介绍；原先报名"须以部员为限"，亦只有部

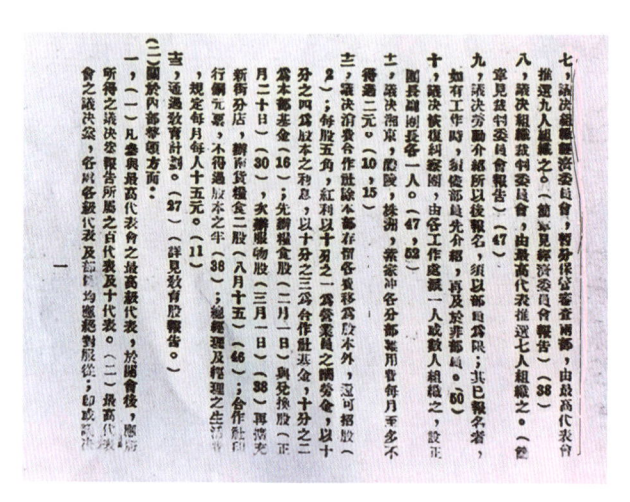

△ 俱乐部关于劳动介绍所工作的要求决议

员失业后才能报名待介绍工作，后来改为凡是以前在安源做过工的非部员也可以报名，但介绍工作超过3个月，即须加入俱乐部等。这些规定使劳动介绍所的地位得以提升，工作日趋完善。尽管因为路矿不景气很难安置工作，但是在劳动介绍所报名的失业工人重新就业的人数还是有所增加。1923年8月到1924年12月，报名的失业工人共154人，经劳动介绍所介绍重新上岗的有46人，占报名人数的30%，重新就业率比上一年提高了11%。更重要的是，工人通过劳动介绍所的劳动管理，加强和巩固了工人俱乐部的地位。

故工抚恤会自俱乐部互济股提倡各工作处工友组织后，到1923年8月工人俱乐部换届选举前，仅有洋炉炼焦处、食宿处、电机处、洗煤处、公事房、修理厂六个工作处相继成立。这六个处的组织名称，有的叫抚恤故工会，有的叫工友病亡协济会。其组织方法有用委员制的、有用经理制的，集资办法和抚恤办法也各不相同。其中，洗煤处所组织的抚恤故工会比较完善。按照其简章规定，凡在该处做工的工友均得加入；每人缴纳会费铜圆 5 枚为开办费；由全体会员大会推选 11 人组成执行委员会，任期半年；执行委员会设总理会务的委员长 1 人、会计委员 2 人、调查委员 4 人、善后委员 4 人，分管经济出入、调查故工身后情况和料理身后各事；会员中有因公或因病亡故的，均须捐助 1 天工资为抚恤费；因斗殴死者和因病请假回原籍后过 6 个月身死的，不给抚恤；有工友身故，由执行委员会召集全体会员大会，经调查委员报告，多数认可，始得进行收捐、助理善后。以上组织有抚恤会的六个工作处，已照章进行抚恤的有食宿处亡故的 3 位工友，每人约给予抚恤费 44 吊 300 文，相当于银圆十一二元。"钱虽为数不多，而裨益于死者实非浅显。"

1923 年 8 月，工人俱乐部换届选举后，最高代表会曾通过决议，故工抚恤会由俱乐部统一组织，仍属互济股统辖。抚恤费由全体部员捐助一天工资为抚恤费，抚恤对象为部员中因病身故、因公致病致死者。后因统一的组织难以成立，最高代表会议又决议取消统一的计划，仍由各工作处分别组织，自行决定抚恤。到 1924 年 8 月俱乐部再次换届选举前，电机处、洋炉炼焦处、土炉炼焦处、修理上厂、修理下厂、洗煤处、直井机器处、路局八处

（共计部员3600人）均设有故工抚恤会组织，由各处百代表负责；工友因病、因工死亡，大家照章捐工抚恤。故工抚恤工作虽因现实困难没能在路矿全面展开，但在当时那样困难的条件下，能够做出这样的努力已属难能可贵。

1926年9月初，盘踞在萍乡的北洋军阀闻北伐军进逼撤退。9月6日，国民革命军进驻安源，工人俱乐部恢复，改名萍乡煤矿总工会，千余工人参战或助战北伐。在黄静源烈士殉难处举行了追悼大会。大会由中共安源地委书记刘昌炎主持，朱少连致悼词，悼词为：

静源同志素富革命思想，在湖南衡阳第三师范肄业时，为学潮离校，即于民国十三年主持安源路矿工人子弟学校第七校，兼理安部株洲办事处主任。是年九月二十一日俱乐部被军阀解散时，静源同志等七十余人同时被捕，囚于萍狱。至十月十六日下午三时，即被军阀李鸿程诬以乱党二字毙于俱乐部之门前。烈士就义时，尤高呼打倒帝国主义！打倒军阀！恢复俱乐部等口号，呼声未已，即饮弹倒地，辗转半小时，再补一枪，始成其仁。呜呼惨矣！烈矣！

公祭黄静源、李福成、段志发时，工人想到他们在"九月惨案"中被反动派杀害、6000多名工人被开除、俱乐部被关闭、安源工人奔走他乡的惨景时，一个个泣不成声，会议开得悲愤而壮烈。

大会结束后，工人纷纷到当兵登记处登记，拿起武器来保卫来之不易的成果。当天，安源工人有2000多人加入了北伐部队。

在矿工人听到蒋介石总司令将亲临安源，渴望他能对恢复煤矿生产有所举措。1926年9月14日上午，蒋介石始从萍乡县城到安源视察。国民党安源市党部在大操坪（黄静源烈士殉难处的对面）召开群众大会欢迎蒋介石，到会团体有12个，群众14000多人，蒋介石登台发表了演说，称赞安源工人，大讲国民革命。

1926年12月7日，《萍矿总工会报告》再次记述了蒋介石到安源的情况："后蒋总司令至安源，刘义即以萍矿有利可图，如能设法开工，一方面可以救济一万余失业工人，一方面又可增加国家税收，救济国家产业等情恳切陈述。蒋因嘱令工会与矿局两方面通力合作，关于开工一事，从速拟出具体计划并承认设法促其实现。"

革命军的到来使矿方多数高官纷纷离走，王鸿卿逃得不知去向，总工程师金岳佑酒醉神经错乱不省人事（身边还有铅笔遗嘱），煤矿处于停产状态。按照蒋介石的要求，应该恢复生产。可是萍矿已经到了山穷水尽的地步。"萍矿自去年停工后，汉冶萍公司之接济等于零。工饷材料于去年十二月间，公司已无办法。于是萍矿将所存焦煤，陆续抵押，继之更将各种破废材料，及山租、房捐等作抵押品，向长沙萍乡安源各处商人分别借款。至现在萍矿本身向外所借新旧债将达一百二十万元。其中尤以工饷、木款为最紧迫，非公司大宗款项接济实无法偿还。材料方面，除窿内所用炸药值六万元，可供两月之用，及各种钢铁零件等可值七万余元以外，其余几等于零。现在需用最急的第一是各种木材，窿内各段每日平均需木料费三百元上下，一日无木即无煤可出。次之煤桶不够应用，妨碍生产甚大。工程方面，土炉机炉两处完全停止，窿内各段东平巷停止二分之一，直井方面，方开始兴工；修理处、洗煤台、东西窖，均在最近才开一部分工程。"

当时由于革命军推进，亟须火车、轮船运兵，粤汉铁路出现煤荒，火车不能正常运行，严重影响了革命军的前行，加上冬季来临，人们需要烤火，煤炭价格上扬。安源路矿的不景气对湖南社会经济和政府财政的不利影响甚大，为此，国民党湖南省党部多次派人来安源调查情况，催促开大工，并声言如果汉冶萍公司无款，可由国民政府垫付。10月29日，萍矿工会邀集24个民众团体成立了赣西人民维持萍矿运动委员会，通过了萍矿开工的工程、运输、销售、外交、还债等计划，发表了宣言，并推举刘义为代表前往湖南、湖北两省联络，共同推进萍矿开工。此后，刘义担任矿局事务处处长，朱少连担任矿局株洲转运局局长。矿局的高层管理人员逃跑了，但那些中低层职员和技术人员却无路可走，他们只能依靠企业生存。刘义便留下了这些人，但要求他们必须听从工会的安排。其时"外交、运输、销路均成问题:株萍路车辆缺乏,须设法添置,湘东桥为水冲断,须集资修复,萍煤方可出山销卖"。诸多困难没有难住工会干部,工会加强对矿山生产和运输的管理,进行生产自救。工人开展生产自救后,原煤日产量由自救前的 100 吨左右增加到了 700 多吨,复业人员增加到了 4100 多人,翻了一倍;由于是工人自己管理,免除了资本家的剥削,工人的收入也由自救前的每天最低一分五厘增加到了每天三四毛钱。工人不仅吃得饱了,还略有盈余。安源工人的这次生产自救运动,是中国工人阶级自己管理企业的初步尝试。正如青年团湖南省委于 1928 年 2 月给团中央的报告所写:"湖南是土地革命首先发展的地方。工人自己的工会管理生产,亦是在湖南省委的指导之下的安源市第一次实现,阶级斗争在湖南实在早已发展到了最高形式。"

红色工业

第 7 章
CHAPTER SEVEN

秋收起义

1927年，北伐战争节节胜利之际，蒋介石在上海发动了『四一二』反革命政变，第一次国共合作失败。为了反抗国民党的血腥镇压，中共中央临时政治局决定反击，实施了秋收起义。鉴于国民党已成为屠杀工农的反动派，不能再用他们的旗帜了，于是："高高打出共产党的旗帜"。安源因此成为人民军队的诞生地之一，是第一个高举工农革命军军旗的地方。

1927年4月12日，正当国共两党领导的北伐战争取得节节胜利之时，代表大地主、大资产阶级的国民党右派蒋介石却在上海发动了"四一二"反革命政变，疯狂地捕杀共产党员和革命群众，以汪精卫为首的武汉国民政府也随后公开背叛革命，致使第一次国共合作全面破裂，国民革命失败。为了反抗国民党的血腥镇压，中共中央临时政治局常委会决定奋起还击，进行南昌起义和秋收暴动。1927年8月7日，中共中央又在汉口召开会议（史称八七会议），确定了土地革命和武装斗争的方针，并批准了原中央常委会所定发动湘鄂粤赣四省农民秋收暴动计划。

　　1927年8月末的安源，天空忽然凝重起来，乌云密布，天气闷热，知了越热越不知疲倦地歌唱，好像大雨将至。以中央派湖南改组省委执行中央秋暴政策特派员身份的毛泽东来到安源张家湾工人夜校第七分校，连夜召开了紧急军事会议。

　　参会的有赣西农军总指挥、安福农军负责人王新亚，中共安源市委书记蔡以忱和委员宁迪卿、杨骏，中共浏阳县委书记、浏阳农军负责人潘心源，中共醴陵县委书记邓乾元、副书记罗启厚及负责军事工作的县委常委周不论，护送毛泽东到安源的毛泽民等。这就是湘赣边界秋收暴动历史上著名的秋收起义安源军事会

△ 秋收起义军事会议旧址——张家湾

议。毛泽东在会上介绍了全国的形势，讲了八七会议上党内斗争情况及所确定的新方针——实行土地革命和武装反抗国民党反动派，讲了这次暴动的目的，即解决农民的土地问题，必须没收地主的土地分给农民，还介绍了湖南暴动的两个机关：一个是前敌委员会，以毛泽东为书记、各军事负责人为委员，进行战争突击；另一个是行动委员会，以易礼容为书记、各县党的负责人为委员，当军队打过来时，负责发动农民暴动，配合军事突击。攻下城市后，马上成立红色政权，把革命的烈火迅速向乡村延伸，以达全省的解放。总之，这次秋收暴动的主要思想是：枪杆子里面出政权！

大会就军事问题和工农暴动的部署进行了讨论，作出了几项决定：第一，决定了军队名称为工农革命军第一军第一师，毛泽东任师长。下辖三个团，第一、第二团由集结在修水和铜鼓的中央警卫团及修水、平江、鄂南、浏阳的农军组成，钟文璋、苏先骏任团长；第三团（不久即改为第二团）由安源矿警队，安源工人、醴陵、岳北、安福、莲花和萍乡的农军组成，王新亚任团长，蔡以忱为党代表，下辖三个营、一个机枪连，另有炸弹队、看护队、宣传队，共一千余枪两千余人。第二，大会规定了旗帜式样。毛泽东认为国民党已经成为屠杀工农的反动派，我们不能再用他们的旗帜了，而是要"高高打出共产党的旗帜"。旗帜的底色为红色，套杆为白色，旗面左上角镶有一颗白色五角星，星中央饰有镰刀斧头交叉图案，象征工农革命，套杆上写上"工农革命军第一师某团某营某连"，下面的单位再填写自己的番号。第三，决定了军队和民众暴动计划。军队和民众暴动互为配合，夺取平江、浏阳、醴陵、萍乡等县，分三路合攻长沙。第一路以安源工人和矿警队为主力，首先控制安源矿区，然后进攻萍乡、醴陵县城及湘潭县的株洲镇，向长沙取包围之势；攻打醴陵县城时，由醴陵县委策动农民暴动，配合二团的进攻，并策应株洲工农扰乱敌人后方。第二路以平江农民及平江农军为主力，平江农军从修水向平江进发，鼓动平江农民在各地暴动，夺取平江县城，再向长沙进发。第三路以浏阳农民、浏阳农军及卢德铭所部警卫团为主力，由铜鼓向浏阳进攻，鼓动浏阳农民在四乡暴动，夺取浏阳后与另两路合攻长沙。在这三路中，又以第三路，即驻铜鼓的浏阳农军和卢德铭所部警卫团*为主力军，因为这一路军事实力较雄厚，所处地势险要，浏阳又逼近长沙，所以是主要依靠力量。第四，决定了暴动时间。会议决定1927年9月9日为暴动开始日，破坏粤汉铁路，切断敌人的交通；9月11日为总暴动日，18日进攻长沙。会议还讨论了万一失利后的退路问题，毛泽东主张仍以萍乡、安源为根据地，万一没打赢就退回安源。毛泽东说："无论如何不能放弃萍安，使敌人断绝了我们的退路！"

按照计划，1927年9月9日，粤汉铁路工人和株萍铁路工人开始分头破坏铁路，截断敌人交通，湘赣边界秋收暴动由此开始。9月11日是中秋节，工农革命军第一军第一师所辖3个团，分别从修水、安源、铜鼓出发，向敌人发起进攻。

暴动开始，第二团首先攻打萍乡城。由于萍乡城墙高、水深，萍水河为天然屏障，加上敌人兵力多火力强，致使第二团久攻不

---

* 卢德铭所部警卫团，全称国民革命军第四集团军第二方面军总指挥部警卫。这个团是中共中央军事委员会于1927年6月在武汉组建的。其名义上是国民党所属国民革命军之一部，实际上是共产党领导的一支军队。1927年7月下旬奉命开赴南昌，参加贺龙、叶挺部队起义。8月5日赶到南昌附近后才得知贺叶部队已经南下。这时，他们遇到同样奉命赴昌参加起义的浏阳、平江农军。三支部队会合后，商定一道开赴湘赣边界的修水县和铜鼓县休整待命，由潘心源到安源找湖南省委报告和请示，再决定下一步行动。

△ 秋收起义（木版画）

下，团长王新亚唯恐继续粘在萍乡攻城，延误 16 日合攻长沙的计划，便决定放弃萍乡城，转攻醴陵县城。

近中午时，先头部队在萍醴交界处萍乡一侧的老关火车站消灭了敌军一个排，俘敌 20 多人，缴枪 10 多支，取得了起义以来的首场胜利。下午 3 时，逼近了醴陵县城郊羊三石。

第二团到达醴陵县城外羊三石车站后与农军取得了联系，在四乡暴动的配合下，兵分三路向醴陵进军。其时渌江水枯，起义军在船上堆着稻草，部分战士头顶着船前进，敌人以为是空船没有注意。船到东门，战士们忽然从船底钻出，用土手榴弹"洋藠古"向敌人猛甩，炸得敌人丢盔弃甲，他们便迅速登陆抢占先机；

而埋伏在附近山上的起义军趁机发起冲锋,部队很快攻进了醴陵城。俘敌100多人,缴枪80多支,打开监狱,救出被捕革命同志和工农群众300多人。当天晚上,在城内的文庙广场举行了军民大会,在庆祝胜利的同时,宣布工农革命军政策,号召商家照常营业。第二天,在醴陵成立了中国革命委员会湖南醴陵分会。按照中共湖南省委事先决定,二团攻下醴陵城后即快速赶往株洲,与朱少连、涂正楚新组建的四团会合,合攻长沙。但四团未组建起来,这时敌人尾随二团而来,王新亚为了保证合围长沙的实现,临时改变策略,改从浏阳与一三团汇合合攻长沙。随后起义军又向浏阳县城进军。

晓雾像一层薄纱,轻笼着浏阳城,浏阳城刚刚从睡梦中苏醒。起义部队兵分两路,一路淌过浏阳河攻打东门,另一路绕道攻打西门。起义军在当地熟悉地形的农民的引导下,很快赶到西门。起义军顺利从西门攻入县城,攻击东门的起义军不久也攻进城内。9月16日上午,两路会合,一举攻下了浏阳县城,打开了监狱,救出来200多名革命同志和群众,包括浏阳县委书记潘心源。

连续的胜利使第二团官兵产生了骄傲轻敌的思想。当时的八连连长刘先胜回忆说:"浏阳城解放后,一住两天,群众都在吃吃喝喝地喊着围攻长沙。有些干部也认为:一鼓作气,连下二城,反革命力量也不过如此。不消三日,长沙城一定是我们的了。"而这时,敌人正朝浏阳县城包抄过来,一部是尾随第二团的醴陵独立团及三十五军教导团，向左翼开进；另一部是第八军一师一团周侗营协同平浏清乡团，由右翼袭来，呈合围之势。9月17日下午三四点钟，醴陵城四面八方响起枪声，第二团团长王新亚却惊慌失措，没有有效地将起义部队组织起来，致使第二团被打散，死伤惨重。任弼时1927年9月27日给中央的报告中写道："安源矿警及王新亚部（系江西的农军）五百余人会同工人炸弹队、宣传队将近二千人……十五号占浏城，十六号晚被敌包围，冲锋出城，是役失去枪杆三百余，捉去农军百一十余人，余众向东南退走，一部分已散。"被打散的部队大多回到了安源和醴陵，其中回到醴陵的有1300多人*。还有一部分在萍醴边境山区打游击。

* 邓乾元1927年9月给中央的报告：秋收起义后"由安源败回同志一千三百余人"。

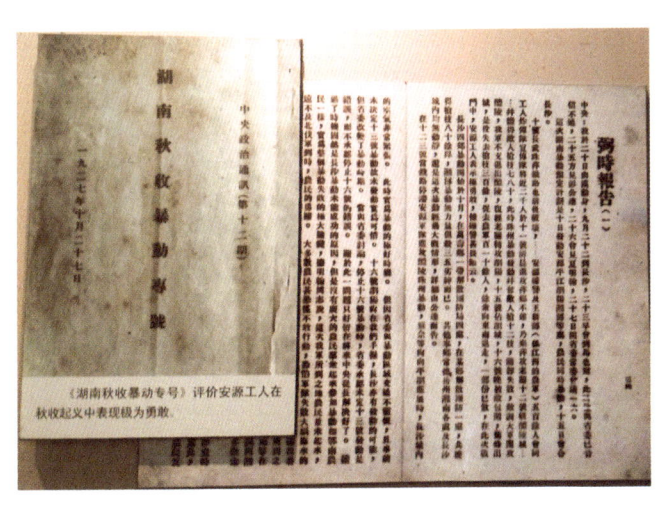

△ 任弼时1927年9月27日给中央的报告

以安源工人为主体组成的第二团，是3个团中战斗声势最大、规模最大、战斗次数最多、战绩最好的团。它连续攻打了3座县城，占领2座，并且建立了起义期间唯一一个县级政权。对于安源工人参加秋收起义表现出的热心和勇敢，中共中央1927年12月15日给湖南省委的信中给予了高度评价："攻打萍乡、醴陵、浏阳、血战几百里的领导者和先锋，就是素有训练的安源工人。""可以说，秋暴颇具特色，还是安源工人的作用。"连国民党政府在1928年9月的一份文件《共党在安之教育概况》中也承认："安源的共党既以巧妙的手段训惑一般工人，所以安源能成为共党的小'莫斯科'。湖南全省各县农协的重要分子，几无处不是安源的工人。去年的秋收暴动，今年的醴陵大暴动，都有安源的工人从中指挥，完全实行了共党所谓'以工人阶级领导的工农大暴动'。"

秋收暴动后，革命的中心由城市转到乡村，安源工人运动也由安源主战场转向了支援井冈山斗争，建立红色交通站，安源工人冒着生命危险为井冈山传递党中央、湖南省委、湘赣边特委的文件，护送过往干部和前往井冈山参军的工人、青年学生，转送党的活动经费、运送医药、医疗器械、日常生活用品及枪支弹药，其间很多同志牺牲了。1928年5—8月，中共湖南省委还曾迁移到安源，指挥全省工作，尤其是决策了平江暴动，使井冈山革命根据地又增添了彭德怀这支生力军，使红军队伍如虎添翼。这些都是安源工人运动对中国革命的贡献。

早在 1928 年夏秋之际，湘赣边特委和毛泽东就多次请求湖南省委组织大批安源工人去红四军当兵。1928 年 8 月致湖南省委信说："请派大批安源矿工来此当兵。"

1930 年夏，情况发生了变化。第一，在反革命势力强大的中心产业区，不可能像过去那样举行罢工斗争、示威活动和其他公开的群众性斗争了；第二，由于萍矿日益萧条，工人长期失业或半失业，生活毫无出路，早已渴望参加红军；第三，在古田会议上强调"争取有斗争经验的工农和积极分子加入红军队伍，改变红军的成分"。鉴于以上原因，红军的几支部队都在这一年到安源扩红。

1930 年 5 月，黄公略、陈毅率领的红六军（后改名为红三军）攻打吉安，所属第一纵队和第三纵队即集中到湖南、江西两省边界扩军、筹饷和搜集弹药。5 月 16 日凌晨，部队到达安源，驻矿的国民党军一个连和矿警队稍作抵抗即仓皇逃跑。红军进驻安源后即展开了宣传，在附近没收土豪劣绅财物分给工农，号召工农参加红军，参加红军的工人有 1000 多名。曾任北京军区副政委的吴烈、曾任乌鲁木齐军区副政委的幸元林等就是这次参军的。吴烈回忆说："那次和我一起参加红军的约有一二千人，东平巷的工人最多，我们那个连就有十多个安源的工人。当时部队很重视产业工人参军，许多人参加红军后，很快就成了部队的战斗骨干。"据中共赣西南特委书记刘士奇（1925 年 8 月曾任青年团安源地委

候补委员）1930年10月给中央的报告记载，经过5个月的战斗，红三军内仍有安源工人八九百人。*

1930年6月下旬，彭德怀、滕代远所部红三军团之一部约2000人来自萍乡。该部队于6月20日攻占萍乡县城，打开监狱释放被关押的革命分子和工农群众数十人，后到安源扩军、做群众工作。彭德怀还乘电车下井，与工人一起运炸药出来武装军队。6月24日清晨，安源街上欢送红军的标语焕然一新。上千名安源矿工加入了红军队伍，威武雄壮地远征了，前来欢送的人群摩肩接踵，挥手送别，红军宣传队敲锣打鼓唱着歌："今天要开差，跟着彭德怀，打土豪，分田地，建立苏维埃……"据萍矿局致公司函电称：这次参加红军的工人约1500人。**

1930年9月中旬，红军一方面撤出进攻长沙的战斗后，经株洲、醴陵于9月下旬来到萍乡，在株萍铁路沿线扩军、筹饷、慰问烈属等。毛泽东、朱德随红四军于9月22日到达萍乡县城，毛泽东率前委机关于24日到达安源。红军到安源后，即采取各种形式开展革命宣传活动，张贴《中国共产党十大纲领》和《红军布告》，召开群众大会讲解革命发展形势、党的政治主张和各项政策

---

* 刘士奇这一报告记述当时红军的状况时写道："三军的特点，是士兵成分，比任何各军（二十军、二十二军——引者注）要好，都是经长期斗争的农民和安源产业工人之一部分（八九百名失了业的）。"

** 萍矿会计处处长凌善永1930年7月24日致公司总经理函："矿工随红匪去者约1500人……"

及红军的宗旨和任务，号召大家支援红军、参加红军。中共安源特区委领导成立了安源市工农兵苏维埃政府，公开恢复萍矿总工会，组织了工人纠察队，大力援助红军。工人纠察队还打开了萍矿的金库门，搬出10箱银圆交给红军。修理厂工人为红军修理了大批破损枪械。

在这次安源扩红中，还组建了中国人民解放军的第一支工兵部队和第一支通讯部队。有140多名井下矿工挑了几十担矿山生产用的雷管、炸药参军。1930年10月4日，红军攻打吉安后，这140多名工人即编入红一军工兵连，归红一军团直接指挥，成为红军队伍最早的工兵部队。还有一些机械工人收集了矿山的电话机、电话线、总台等通讯器材，组成了红三军团电话大队，成了红三军团最早的通讯部队。

从秋收起义到红军三次扩红，安源共有5400多名工人参加了革命，从安源走出了萧劲光、杨得志、刘先胜、韩伟、方强、谭希林、丁秋生、晏福生、唐延杰、吴烈、罗华生、王耀南、罗桂华、幸元林、熊飞15位将军，还走出了孔原、吴运铎等高级干部，因此安源当之无愧被称为将军矿。

红色工业

第 8 章
CHAPTER EIGHT

中华人民共和国成立初期的萍矿

中华人民共和国成立后,萍矿工人获得了新生。百废待兴的萍矿复矿后进行了一系列民主改革和生产劳动运动,赋予了职工民主权利,工人的工作热情空前高涨,众多劳动模范不断涌现。

中华人民共和国成立后，萍矿工人获得了新生。百废待兴的萍矿复矿后进行了一系列民主改革和生产劳动运动。1950年2月即召开了职工代表大会，赋予职工民主权益。会议民主选举产生了萍乡矿务局总管理委员会和中国煤矿工会萍乡矿区首届委员会。

颁布实施了《萍乡矿务局劳动保险条例》《劳动保护与劳动纪律决定》《工资和福利的决定》《失业工人的安排决定》《废除把头制度》等法律法规和规章制度。进行了工资制度改革，取消了变相工资，改变了多等级工资（33个等级）制；实行八级工资制，职员实行职务等级工资制，技术人员实行技术等级工资

△《萍乡矿务局劳动保险暂行条例》（草案） 　　△ 萍乡矿务局工资情况检查总结 　　△ 萍乡煤矿民主改革运动第一阶段民主斗争工作总结

第8章　中华人民共和国成立初期的萍矿

制，同时为全局 66.61% 的职工增加了工资，使大多数职工获得了利益，极大地提高了广大职工的生产工作积极性。

废除了"包工制"，没有清算封建把头*的罪恶，工人有怨言；一些过去做过包工头的人不习惯，他们仍梦想着恢复封建把头制**，继续作威作福。1951 年 7 月 1 日，根据燃料工业部《关于全国煤矿废除把头制的通令》和省政府的部署，全局开始民主改革运动，废除封建把头制，建立工人民主管理制度。

---

* 把头，旧时称把持一方或某一行业的行帮头目。源自英文单词"butler"，资本家雇佣的男管家，管理企业的头目。中华人民共和国成立前，外资企业包括东北的日企都这样称呼，后来延伸为把持一方或某一行业的行帮头目。

** 把头制即"包工制"，也就是工头独立经营包工业务。中华人民共和国成立前萍矿只有"包工头"和"包工制"而无"把头"和"把头制"，"把头"和"把头制"的说法是中华人民共和国成立后萍矿南下干部从东北带过来的。

废除了"包工制"使那些曾经的把头很不甘心。王家源矿有个把头出身的人叫颜保山，利用旧有势力当上了组长，便像从前那样懒懒散散，自己不干活，还对其他工人指手画脚，在井下待 3 个小时就出班。工人瞿绿连看不惯就批评了他，说现在中华人民共和国成立了，要有新的姿态，不能再像过去那样欺压工人了。颜保山便对瞿绿连怀恨在心，讽刺道："矿山就是你瞿绿连的吗？不要神气早了！"有一次，瞿绿连在滴水的地方工作了十几天，人也病了，工友们劝他休息几天，又说他确实吃了苦，对矿山建

设有功劳。颜保山马上说:"是呀,有功劳!可是,为什么还没有下条子叫他当矿长呢?对,当矿长的太多了,没有矿长当也有股长当。你洗了脚在家等着吧!"这样的冷嘲热讽令瞿绿连很是憋气。

这时,党支部书记找到瞿绿连,要他不要泄气,我们要开展对封建把头的斗争。在党支部的号召下,工人开始控诉封建把头的罪恶,揭发他们之前所干的坏事。随着民主革命运动的深入,挖出了一批罪行累累的封建把头。

赵海涛是萍矿最大的封建把头,外号"赵老虎",他的势力控制了萍矿所有把头,号称"把头王"。中华人民共和国成立前,他利用青洪帮、反动会道门等分化、压迫工人。工人控诉:被他毒打致死的工人有6人,打成残废的工人有2人,被他霸占妻子、严重勒索、毒打、刀伤的工人达71人。中华人民共和国成立前后,他又组织了反动组织"三十六友",这些人隐藏在矿山里造谣生事,妄图破坏矿山,重掌权力。

把头彭满生在旧社会掌权时,按规定工人每上一天班得20斤*米钱,但他只给工人6斤米钱,把克扣下来的钱用来放高利贷。物价上涨,工人每班的工钱只能买到三四斤霉米。彭满生还诬赖工人田明生的母亲害死了他的儿子,致使田明生母亲含恨自杀。

1951年7月31日和8月2日,龙

---

* 斤,中国市制质量单位,1斤=0.5千克。

虎矿在工会门口召开了控诉大会，工人纷纷上台控诉赵海涛和彭满生的罪行。8月6日，人民政府在龙虎矿附近开审判大会，工人纷纷上台控诉封建把头的罪行，说到深情处声泪俱下。人民政府当场宣判赵海涛、彭满生死刑。接着，高坑矿、材料厂和白马庙煤栈也先后召开了控诉、公审大会，扫除了封建把头的残余势力。民主改革运动扫除了中国前进道路上的绊脚石，工人阶级扬眉吐气了，工人敢于甩开膀子大干快上了。

获得解放的职工把对党的恩情化为工作的动力，投入社会主义生产建设中，创造了许多可歌可泣的感人事迹，涌现了一大批英雄模范。

1950年9月13日，在萍乡矿务局第二次职工代表大会上通过了《开展冬季生产立功运动》的决定和《生产创模立功条例》，从此，"努力生产解放全中国，积极生产支援抗美援朝"的生产运动在矿区热火朝天地开展了起来。

高坑矿有一对主力竖井，1946—1949年，整整3年才进尺50多米。中华人民共和国的成立大大激发了工人的生产积极性。1950年年初，高坑矿集中力量打石门，当时由于生产设备落后，工人只能用原始的手镐、手锤，每班进度才五六公寸*，效率非常低。工人说："这样慢的速度，也不知哪日才建得成。"就在这时，山东洪山煤矿石门掘进队创造了日进尺1.26

---

* 公寸，中国旧时的长度单位，1公寸=1分米=0.1米。

米的纪录。这件事在萍矿工人中反响很大，工会就乘机组织了一支掘进突击队，全队40多人，分三班工作，突击主力竖井进度。突击队发出了"动脑筋、找窍门、突破难关"的号召，他们在劳动中摸索出了深孔爆破、循环打眼操作技术，又优化了劳动组织，打眼、出渣同时进行，节约了时间，劳动效率显著提高，不久高坑突击队进尺还超过了洪山日进尺的最高纪录，由此，"超洪突击队"诞生了。

邓文益为超洪突击队第三小组组长。1950年4月，他们组的效率就由班进尺0.5米提高到了1米以上，但工效由此止步。为此，邓文益翻来覆去想破了头，他认为要提高效率，只有改进生产工艺。经过苦思冥想，精心设计出了能控制打眼的简易机械。使用这种机械操作，全组日进尺达到了4.5米，效率提高了3倍。由于邓文益工作突出，1950年5月1日，邓文益被评为中华人民共和国成立后萍矿的第一个劳模——甲等功臣。邓文益出席了江西省第一次劳模大会和全国工农兵英模大会，并在1950年10月1日持中华人民共和国主席毛泽东签名的请柬登上了天安门城楼，

△ 全国劳动模范邓文益

参加国庆观礼，见到了毛主席等国家领导人。

邓文益从北京回到萍矿后，接到开凿高坑矿新斜风井工程。该工作面滴水大，不到10分钟全身就湿透了，脚下的积水齐膝；由于积水的影响，铁路不能延伸进去，每一箕渣要挺着腰身提数米高装入吊桶；45度斜坡，手镐、手锤进尺时立不住脚，甚至有摔倒送命的危险。由于条件艰苦，每班进尺只有数公寸。邓文益带领全组25人下到百米深的井底干开了，组员们使出了浑身解数，进度仍十分缓慢，大家有些泄气了。邓文益率先垂范，挑渣时，每人一个班只能挑90担，而他挑了200多担。打钻立不住脚，他要人家去休息，自己顶上去，一站就是几个小时。他又想办法在上游建个蓄水池，阻隔了向下游发展的水。水患解决了，便延伸了铁轨，解决了出渣的问题，效率提高了数倍，最高日进尺达3.7米。1951年5月19日，斜风井开拓工程提前40天贯通。为此，在1951年3月召开的江西省第一届英模大会上，邓文益又被评为江西省工业特等劳动模范。他是萍矿，乃至萍乡第一位全国劳动模范。

1950年，萍矿在王家源一号井进行生产工艺改革，杨辉采煤组最早采用长臂式采煤法。杨辉采煤组共31人，其中有9名党员、7名团员。1951年3月，王家源矿总工程师张天保准备用一个40米长的短工作面进行实验。工人很诧异，40米长的工作面还嫌短？以前的箱式采煤法只是挖一个洞，出不了几吨煤。有人说那时挖个几米深的洞都要冒顶死人，现在工作面几十米长，肯定更不安全。张天保耐心地为大家讲安全知识，介绍长臂式工作面有上下人行道，通风好，会更安全。实践过程中，党组织与工人一道攻克难关，经过半个月的摸索，工人初步掌握了这套采煤技术，以前两个人只能采800斤煤，现在每人能采三四吨煤了。杨辉小组自此在萍矿出了名。

1951年9月，龙虎矿三分井运来了一批采煤机械，工人争先恐后要先使用这些先进工具，最后经矿长和工会主席研究，决定每个工会小组选派两人，组成红星队，编成甲乙丙三个班，这样萍矿第一支采煤突击队就诞生了。

工作面安装了电溜子*，工人第一次举起风镐采煤。开始大家不习惯，一个班只能采8吨煤，人也累得散了架似的。工人在实践中摸索，发现煤也有"弱点"，煤是有层路的，顺着煤层采、掏槽，煤就会大块大块地崩落下来。1951年10月4日，龙虎矿红星队的刘冬生、贺满生相继创造了一部风镐采了6根杠子、落煤42吨的纪录。

* 电溜子，刮板运输机的俗称，煤矿常用词。

龙虎矿红星队的喜讯传到王家源矿，杨辉小组的工人根本不相信，他们决定派人到红星队去取经。取经的工人回来汇报说，他们也没有什么特别之处，不过钎子尖一点。大工冯家礼一拍大腿说：对呀！岩尖尖挖的煤就多，这钎子的原理和岩尖同样嘛。他就拿了根钎子到锻工房，要袁铁匠把钎子锻尖些。袁铁匠说：这不行！你别小看它是根钢钎，却是外路货，贵得很，一根要 30 斤大米！冯家礼一听袁铁匠不给他改，急了，就提了 30 斤大米放在袁铁匠那里，说钎子如果断了，这些大米就是赔的。袁铁匠只好帮他改。改完还一再叮嘱：钎子修长了半公分，好生掌握，莫弄断了。杨辉见冯家礼这样坚决，决定尽可能为他创造条件。派班时，特别加派了人手，让马雨全做他的助手。当时没有电溜子，组长根据一人拖一根杠子煤的劳动定额，分派了 3 个小工给他们。采煤时，真是立竿见影！只见风镐开关一打开，钎子往煤里一钻，真是刀切豆腐那样快！煤大块大块掉下来，3 个精壮小伙子也拖煤不赢。杨辉不放心，心想派这么多人在这里，万一还不如以前怎么办？这不是窝工了吗？后来见效果很好，立马又抽调来一个拖煤小工，结果 4 个小时采完了 3 根杠子。依冯家礼要继续采下去，但再采就要增派拖煤小工，因为大家工作都有一大半了，所以决定下次再来。

冯家礼采煤不过瘾，决定来个新突破。1951 年 10 月 14 日中班，冯家礼带着两根修理好的钎子来到工作面。这次他要求比昨天增加一倍工作量。矿长、股长都来工作面为他助威。冯家礼手把子一撸，举起风镐"突突突"干了起来……这班他采了 7 根杠子，出煤 62 吨，15 日采了 9 根杠子，出煤 81 吨，大大超过了红星队的刘冬生和贺满生。矿上通过这次活动，把所有工人的钎子都修尖了。

杨辉组创造了风镐落煤新纪录，消息传到红星队，红星队员们更是不肯善罢甘休，一个个摩拳擦掌，准备与杨辉组一决高下。1951年10月15日晚班，贺满生一部风镐采煤119吨。这个成绩已经接近苏联斯达哈诺夫第一次的记录了。

全矿生产竞赛更是热潮喷涌，纪录不断被打破，仅11月17—20日，全矿就创造了风镐、手镐采煤、凿岩、掘进、洗煤等21项新纪录，工效提高了20%。邓文益领导的高坑石门组在22日创造了石门凿进15.15米的全国最高纪录。

王矿组织了石门"钢铁队"，决心与邓文益组比高低。从11月23日晚班到24日中班，三班石门掘进20.3米。又创造了石门掘进新的全国纪录。他们马上发电报向毛主席汇报。

郭清泗是高坑龙虎矿的采煤工人，湖南湘潭人，出生在一个贫苦的农民家庭。1946年，他为了谋生，只身来到萍矿。然而，在国民党和封建把头统治下的煤矿对工人进行着残酷的剥削，工人每天连续工作12小时，却依然过着吃不饱、穿不暖的生活。郭清泗想，天下乌鸦一般黑，到哪里都没有穷人的出路。

1948年7月10日，郭清泗秘密加入了中国共产党。那时，萍乡即将解放，国民党反动派在垂死挣扎，想方设法破坏矿山。为了避免矿山被毁，郭清泗与萍矿地下党员一道积极开展护矿行动。成立了纠察队，不分昼夜站岗放哨，打击敌人的破坏活动。

△ 钢铁队创造了石门掘进新的全国纪录　　△ 中央办公厅的回信

其中，在泉江电厂的保卫中，纠察队立下了汗马功劳。

中华人民共和国成立后，萍矿复矿，工人翻身当家做了主人，郭清泗这个当年被人瞧不起的"煤黑子"发誓，要把党对他的恩情回报到中华人民共和国的建设中。

矿上竞赛高潮迭起，每天锣鼓喧天，大红花戴在了英雄的胸前，美得他们走起路来像在踩高跷，看得郭清泗直眼馋。

那时，他任八组组长。一天，他对全组职工说："人家红星队几个风镐手都创造了新纪录，我们不能再观望了，用岩尖创造个新纪录！"

1951年11月30日，他将岩尖锻得尖尖的，斧子磨得快快的，召集全组开了个战前动员会，小工陈光裕、吴世才满口答应："行！你能挖多少煤，我们保证全力配合你。"他来到工作面，首先拉了个很长的槽口，然后一镐一镐地往下挖，煤就像山崩一样往下落。这一班他采了79.5吨煤，创造了手镐落煤全国最高纪录。他的这种采煤技术被命名为"郭清泗长槽操作手镐采煤法"。

中华人民共和国成立初期，萍矿职工中的文盲和半文盲占总人数的74.2%，其中井下工人文盲和半文盲占井下工人总数的84.7%。如此高的文盲和半文盲率，要想建设现代化的矿山谈何容易！

△ 郭清泗

△ 郭清泗手镐挖煤

第8章 中华人民共和国成立初期的萍矿

中华人民共和国成立后，大规模的社会主义建设开始了，而要解决建设中的"拦路虎"，就必须解决工人文盲率高的问题。1950年3月2日，中国煤矿工会萍乡矿区委员会（萍乡矿区工会）成立。工会为了继承安源路矿工人俱乐部开办职工夜校的传统，为了提高职工的政治觉悟和文化技术水平，首先在龙矿和老虎矿开办了工人识字学习班，但由于汉字难认、难写，制约了一些工人读书的积极性，学习班开办之初只有600名学员。1951年，随着全国扫盲运动的发展，萍矿工会按照党委的要求，成立了扫盲工作委员会，组织有一定文化基础的青年工人和家属开办扫盲教师培训班。培训结束后，由他们到各厂矿进行文化程度普查。普查的结果表明，当时的萍矿工人的文盲率、半文盲率高得惊人。于是，萍矿工会便在高坑和平村等处分期、分批兴办了工人扫盲识字班。

△ 萍矿职工正在夜校上课

1952年，国家开始推行速成识字法教学，通过使用注音字母，使学习比以前简单多了。工人进步很快，经过3个月的学习，很多人已经会识字、会写字、会读《萍矿工人报》了。长槽操作手镐采煤全国纪录首创者郭清泗，1952年4月，被中华全国总工会邀请到北京参加"五一"观礼活动。这天，他登上了天安门城楼，见到了毛主席。"五一"观礼活动后，他又被中国人民大学等高校邀请去作报告，报告结束，学生们围上来要他签名，但他一字不识，如何签名呢？有同学就说："不会写，你就画圈圈吧！"这件事令郭清泗无地自容。回矿后，他下决心要好好学习，于是积极参加职工业余学校的学习。

1952年9月，他非常兴奋地写了人生的第一封信，这是一封寄给毛主席的信：

最敬爱的毛主席：

今年五一劳动节，在北京，朱总司令要我们努力学文化，好好提高技术。我心里想起惭愧，连自己的名字也认不到，没有文化的人真好像个蠢人，我声（深）记朱总司令的话。

八月间，我们矿上的速成识字班开学了，我便加入了，学习十小时，就认识了五百多字了，名字也写得出，我真喜欢得睡不觉了。以后还要加劲学习，并且向您保证，以实际行动拥护和平会议，在生产改革中要团结群众，找窍门完成任务，加紧生产，全心全意为

第8章 中华人民共和国成立初期的萍矿

人民服务，坚决抗美援朝，做一个您的好战士。

此致

革命的敬礼！

郭清四（泗）　九月二十六日

他很快收到了中共中央办公厅的回信，信上勉励他说：

郭清泗同志，6月23日致毛主席的信已收到。你的生产成绩，为广大工人群众树立了榜样，望你虚心与群众团结一致，再接再厉，争取更大的成绩。

很快，王家源、高坑矿、龙虎矿、青山矿、机厂等也办起了

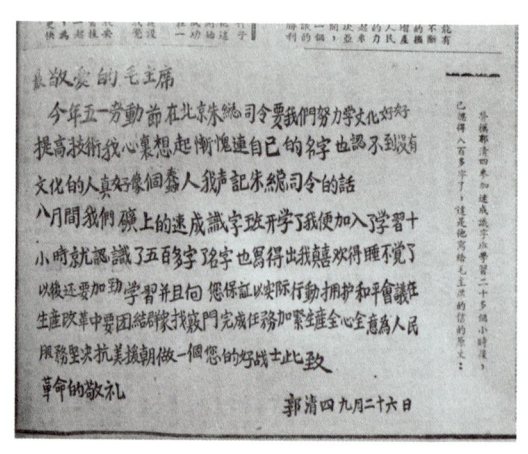

△ 郭清泗写给毛主席的信

△ 中共中央办公厅给郭清泗的回信

职工业余学校，工人分别进了初小、初中、高中班。当时，萍矿党委很重视职工业余文化教育，注重提高工人和干部的文化水平，并明确规定，领导干部的现有文化只有初小程度的一律要上夜校学习达到高小文化水平。经过在夜校的学习，工人和干部掌握了文化知识，相继成为企业不可或缺的人才，其中有不少工人走上了各级领导岗位。

20世纪50年代初，萍矿有一支200多人的从事教育工作的专职、兼职教师队伍，他们为工人文化水平的提高，立下了不可磨灭的功劳。

萍矿职工业余教育不仅注重工人和干部的文化水平的提高，而且注重工人的政治素养的提高，业校特增设政治课程，因此，誉称工会是"学习共产主义的学校""学习管理的学校"。

经过1956年向文化科学进军的浪潮、1958年下半年声势浩大的扫盲突击活动，萍矿已先后在职工中扫盲5909人，其中有894人分别达到高小和初中文化水平。1959年7月，在校学习人数达11824人。

1960年3月，江西省工业劳动大学萍乡煤矿分校成立，根据省委的指示，工业劳动大学第一期招生3000~4000人，实行勤工俭学、半工半读制，以期办成学习与生产相结合、政治与业务相结合的又红又专的学校。学制有两年、三年和四年，并分本科（四年）、专科（二至三年）、预科（一至四年）三种。本科和专科以初中文化程度为起点，预科（扫盲）不受文化程度限制。学校成立第一年度设采煤、机电、洗选、土木、建筑、经营管理六个系及一个化工专业班。在教学方面，采取"直线上升、一竿子到底"的方法，贯彻文化课、基础课为专业课服务的原则，把"学校当工厂"；把"工厂当课堂"，进行现场教育，将学生打造成能文能武的技术工人。学习期满后拿文凭，由国家统一分配工作。在生活待遇方面，每人每月津贴12.5元，大家自种蔬菜、养猪，建设副业生产基地，解决生活问题。

萍矿还有所正规化的大学——江西煤矿学院，这里培养了大批技术人才。

总之，中华人民共和国成立初期，在建设现代化萍矿的过程中，萍矿党委积极适应时代发展的需要，从实际出发，走出了一条培养技术人才的路子，为萍矿的发展创造了与时代发展相适应的环境。

经萍矿党委会研究，省煤管局、机械局、电业局批准，1960年3月16日，矿务局办公室主任张强宣读了萍矿32名工人被任命为工程师的名单：郭清泗、游克许、江家友、柳青桂、程卓云、邓志明、何雄、刘年昌、龙家福、黄友生、郭朝斌、李绍生、陈文琪、朱涤铭、刘本坤、张朝瑞、问培虔、康桂生、杨润福、易克恒、何开生、梅俊、易臣先、周吉安、易国斌、唐尊亲、皮升泉、柳护佑、章厚成、韩世魁、彭继生、周忠优。

这32名被任命的工人工程师，绝大部分出身贫苦农民和工人家庭。中华人民共和国成立前，他们进不了学校、读不起书，从小就为生活所迫进煤窑或当徒工，所以他们的文化水平都不高。中华人民共和国成立后，他们在党的培养和教育下，思想觉悟和文化技术水平不断提高，他们既有刻苦钻研、顽强学习的精神，又有为社会主义事业攀登科学技术高峰的雄心壮志；他们不仅能出色地完成党交给的任务，而且在自己的工作岗位上创造了许多奇迹，为党的事业做出了卓越贡献。如柳青桂、刘本坤的先进采煤法和郭清泗的深孔爆破、快速掘进法都成了我国煤矿生产中的宝贵财富。

中华人民共和国成立后，萍矿党委全心全意为工人群众服务。清算了封建把头，工人出了气；建立了劳动工资制度和劳动保险制度，工人生活有了保障，解除了后顾之忧；开展扫盲运动，工人个个能识字，为社会主义建设扫除了"拦路虎"。

红色工业

第 9 章
CHAPTER NINE

建设江南大矿

正当萍矿人以无比的热情投入第一个五年计划建设高潮的时候,萍矿发展遇到了瓶颈——萍矿没煤了!未来该怎么办?为了萍乡煤矿的未来发展,为了工人能够生活下去,矿务局提出:「为国家建设找资源,为萍矿发展创造条件。」在萍矿工人的努力下,终于寻得了希望,并建起了江南大矿。

1953年，正当萍矿人以无比的热情投入第一个五年计划建设高潮的时候，萍矿的发展遇到了瓶颈。

1949年中华人民共和国刚成立时，萍矿接管部只接管了一份"地质调查报告"和一份"矿产评价"。这两份材料是仅有的地质资料，不仅简单粗糙，而且残缺不全。所接管的几口土井，安源的3口因煤质差、卖价低、运输成本高而关闭；龙虎矿的煤已经采完，1953年年底将停产报废；王家源矿也因煤藏量不多，前途暗淡；只有高坑矿是新生矿，前景明朗。由于没有详细的地质资料，所以当时有人为萍矿的未来担忧，认为萍矿已经到了山穷水尽的地步。

此时，职工中弥漫着一种低落情绪：萍矿没煤了，前途堪忧。此时恰逢土改，农村正分田分地，一些家在农村的职工向矿领导提出要求："开个证明吧，我们好在家里分几亩田，将来煤挖完了，就回家种田。"有些领导干部也认为萍矿已经到了"山穷水尽"的地步，考虑将矿务局的机关下调为矿的机关。

祖国的建设一日千里，而萍矿的前景如此令人担忧，这是多么的不协调！矿务局局长王景琦十分着急。有一次他到北京开会，在火车上遇到了华南财委主任杨一辰，并向他汇报了萍矿的情况。

杨主任鼓励说："不管有多少煤，在当前，萍矿还是江南的一颗珍珠呵！应当深入调查，很好地发展呵！"

杨主任的话给了王景琦信心，更给了他很多启发。他想，盛宣怀当年把萍乡煤矿打造成了中国单矿规模最大、最先进的矿山，难道到了共产党领导，萍矿的规模反而缩小了、名气变小了？应该把眼光放长远，去找煤！他的目光落在了狭长的浙赣线上：西起湖南醴陵，沿浙赣铁路两侧向东延伸到上饶、玉山，沿途尽是露头的煤田和开采过的土井。

走出办公室，就能找到大煤田！

这时，党在过渡时期的总路线公布了。王局长从北京回来，正在萍矿开展声势浩大的宣传活动，总路线的光辉照亮了每个矿工的心，生产竞赛一浪高过一浪，新工作、新生活激励着王局长，

△ 煤田勘探的情景

△ 张伯平（前排左四）与郭象豫（前排右四）的合影

他的信心更足了。他向党委进行了汇报，传达了中央对煤炭工业发展的指示。经过开会研究，矿务局提出了"为国家建设找资源，为萍矿发展创造条件"口号。

1953年年底，党委决定派王景琦和总工程师张伯平组织煤田调查。1954年春，王景琦和张伯平组织了一支近百人的地质调查队，开始进行大规模的初查和普查工作，为萍矿的后续发展寻找新的煤炭资源。1954年4月10日，50岁的张伯平和助手宋才伟率领着地质调查队从泉江出发了。他们的预定路线是向北到萍乡县属的桐木镇，再折向浏阳，经醴陵沿浙赣铁路返回高坑。

这一带几乎都是山区，他们路过的太平山、杨岐山、坪子岭等，曾是红军驻扎的地方，山高路窄、荆棘遍地，行路非常困难。特别是遇上雨天，路面像抹了一层油似的，稍不留神就摔成了泥猴儿。但谁也没被困难吓倒，张伯平虽然年纪大，但他和小伙子一样精神，每天走超过 25 千米的山路，一点儿不觉得累。同志们劝他休息，他总是乐呵呵地说："这比红军爬雪山、过草地强多了。"有时路途遥远，他们进入荒山野岭，前不着村后不着店，大家就着山泉咽干粮。有的人脚板起了血泡，仍坚持跋山涉水。一位老农不解地问："你们这样整天爬山越岭，吃不到热饭，睡不好觉，不觉得苦吗？"有位同志回答说："有的地质调查人员比我们苦得多，他们在内蒙古草原上、在康藏高原上，睡的是帐篷，几百里地没人烟，有时连水都喝不上，那才叫苦呢！为了给国家寻找到更多的煤炭，给萍矿发展创造更好的条件，我们吃这点苦算不了什么，反而感到快乐呢！"他们就是以这样的革命乐观主义精神鼓舞着自己，从而战胜了一个又一个困难。

找了几天都没找到一点煤田的迹象，但大家并没有泄气，而是一鼓作气，继续寻找。4 月底，他们到了醴陵，根据老工人的介绍及当地地形来推测，认为这一带存在沉煤的可能性，于是便展开了广泛的调查。皇天不负有心人，他们发现了官寮、凤形、水研冲、马髻坳一带一块比较完整的煤田，长约 10 千米，宽约 1 千米，储量丰富，属主焦煤。

经过 3 个多月的努力，地质调查队在浙赣线两侧 25 千米的范围内，共找到了 12 块可以建井的煤田。找到了新煤田，那些情绪低落的职工一下子热情高涨起来，他们说："过去我们的目光太短浅了，没想到萍矿还有这么多的煤，祖国真是黄金遍地呀！我们不回去种田了，矿山还有大的发展，我们要干一辈子！"

矿务局找到了新煤田，不仅为萍矿的后续发展找到了丰富的资源储备，稳住了职工队伍，还认识到了煤矿要持续发展，必须要有一支专业的煤田勘探队。自此，矿务局相继成立了地质勘探所、设计科、基建工程公司和钻探队等，组织了一支2000多人的基建队伍。从此，在渺无人烟的山谷里，在野草丛生的废墟上，都留有勘探队员的足迹，到处竖立着高高的钻塔，随处可见萍矿人的建设工地。

王家源矿由一分井和四分井组成。1953—1955年，一号井和四号井均进行了延伸改造。

一号井延伸。1953年，一号井+190米生产水平可采煤量只有9.3万吨，即将采完。为此，经武汉煤管局批准，将一号井延伸至+140米水平，设计年产量为15万吨。延伸工程于1953年动工，1954年10月竣工。井巷工程完成斜井延伸96米，井底平巷、车场掘进151米，泵房、吸水小井、水仓、排水巷等掘进760米，镶砌50米，石门岩石运道掘进629米，采区轮子坡掘进165米，

△ 王家源矿四号井

第9章　建设江南大矿　147

风井掘砌 70 米。总计掘进 1871 米、镶砌 120 米。地面建筑安装工程完成了新建提升绞车房、抽风机房，安装 94 千瓦双滚筒绞车 1 台、抽风机 2 台；扩建压风机房并安装压风机 2 台；新建医院、职工子弟小学、材料库、机修房、职工食堂、更衣室、浴室等；增建职工住宅、宿舍等。共计完成地面建筑面积 7828 平方米，其中厂房面积 719 平方米、仓库面积 151 平方米、住宅面积 3845 平方米、宿舍面积 580 平方米、文卫设施建筑面积 1268 平方米、其他建筑面积 1265 平方米，总投资 120.78 万元。

四号井延伸。经郑州煤管局批准，从 1954 年 12 月至 1955 年 12 月，对四号井进行延伸改造，使其设计年产量达 30 万吨。为此，平硐和主要运输大巷进一步扩大和镶砌，改用架线式电机车运输；扩建平硐以西 480 米处已开凿的下山，即将斜下山延长到 +185.74 米，斜长达 160 米，增加绞车房硐室及其绕道和车场，安装 94 千瓦双滚轮绞车 1 台；扩建抽风机房，改装 75 千瓦的扇风机 1 台；增建井口更衣室、浴室等。整个延伸工程共投资 30 万元（矿建 14.32 万元、建筑安装 5.78 万元、设备购置 9.9 万元），完成井巷掘进 294 米，刷大井巷 800 米，镶砌 145 米，完成地面建筑面积 145 平方米。

四号井完成延伸后，1955 年，王家源矿年产煤量增加到 50.7 万吨。

王家源矿到高坑洗煤厂的高架缆道于 1950 年 8 月竣工。该缆

△ 行驶在群山中的缆车吊斗

道自 1948 年 11 月动工后，受到社会动荡、资金不足等影响，建设缓慢。1949 年 3 月后，因战争影响，工程停滞。1949 年 7 月，人民政府接管了萍矿，11 月，缆道工程复工，从此进入建设快车道，总计施工 15 个月，投资 48 亿人民币*。此缆道全长 2740.02 米，高 26 米。以王家源为起点，翻山越岭，终于高坑白马庙，经高坑洗煤厂洗选后用火车运至武汉钢铁公司。额定运输量为每小时 24 吨，最大运输量每小时可达 48 吨。主要构件为两根轨索和一根牵引索，吊斗行走于轨索之上，被牵引索拉动，循环运行于王家源与白马庙之间。中间建有铁塔 34 座、基站 2 座，用以架撑轨索。每个吊斗装煤 400 千克，运行速度为 1.25 米 / 秒，牵引动力为 75 马力**。

高坑矿立井是于 1937 年开凿的，到中华人民共和国成立时，一号井掘进 620 米，二号井掘进 263 米。中华人民

---

* 中华人民共和国成立后，于 1955 年 3 月 1 日发行第二套人民币，同时收回第一套人民币。第二套人民币与第一套人民币折合比为 1∶10000。

** 马力，工程技术中常用的一种计量功率的单位，1 马力 ≈ 735 瓦特。

第 9 章 建设江南大矿

△ 20 世纪 50 年代的高坑大井

共和国成立后的续建，包括两个生产水平。其设计年产煤量 60 万吨。从 1949 年 9 月至 1957 年 5 月，共投资 1638.19 万元，其中矿建 496.83 万元、土建 303.9 万元、安装 112.83 万元、设备 704.1 万元、其他 20.53 万元；完成井巷掘进 14903 米，镶砌 1675 米；完成土建面积 67917 平方米，其中厂房面积 3600 平方米、住宅面积 43069 平方米，宿舍面积 8628 平方米、学校面积 2880 平方米、仓库面积 3054 平方米、办公室面积 1016 平方米、电影院面积 703 平方米、其他面积 4967 平方米。

"七一"平硐建设。1959 年 10 月，"七一"平硐按《高坑"七一"平硐改建设计方案》进行改建，井型为 21 万吨／年。矿井共有三个开采水平，平硐以上为第一水平，以下在 +150 米和 +50 米标高分别为第二、第三水平。其中，第一水平（+230 米）的井巷工程高坑矿已施工完毕，已划分两个采区。改建时，充分利用已有工程，不再另增井巷进尺，投资59.37万元。购买2BY型1.2米局风机1台、160B-20/8型压风机1台、2BM2000/1030型90千瓦绞车1台、22千瓦及15千瓦单筒绞车各1台，费用总计56.3万元，其他小型采掘机械由生产单位自行补给。1960年，完成抽风机房和压风机房建设，建筑面积67平方米，投资1.42万元，设备安装投入1.65万元，总计3.07万元，于当年建成投产。

△ 高坑矿"七一"平硐

高坑矿的两个立井和"七一"平硐的年设计总生产能力达75万吨。

△ 高坑矿大煤场

第9章　建设江南大矿

1957年5月,立井续建工程竣工投产,年设计生产能力为60万吨,后经改造,年设计生产能力增至90万吨。1969—1991年,其年产煤量达到100多万吨,其中,1979年竟达154万吨,号称江南第一矿。

1939年,日军入侵南昌,国民政府为避免萍矿落入日本人之手,将其变成屠杀中国人民的工具,决定对萍矿（安源煤矿）实施拆迁、炸毁,拆迁后的萍矿一片狼藉,洗煤台、炼焦炉、锅炉房、发电厂、上下修理厂等已被炸毁,机器已经拆迁,铁路全部拆毁,八方井、六方井、东平巷、西平巷被水淹。工人大部分散去,留下来的以挖小井、筛矸石煤营生。

△ 安源煤矿拆迁被炸后的洗煤厂残景

中华人民共和国成立后,安源工人热切期盼复矿,老工人联名写信给刘少奇,请求修复安源煤矿。党和国家十分重视安源工人的诉求,拨了款,于1953年恢复对安源煤田的钻探,结果很令人振奋，安源有5层煤，具有恢复生产的价值，以老萍矿最高年产量（1909年产煤101.78万吨）计算，还可以开采几十年。

萍乡矿务局于是决定一边继续勘探，一边在已经探清的安源煤田南部先建一对小型矿井，但还没有确定怎样建。一天，矿务局在安源煤矿职工子弟小学内召开老工人座谈会，商讨建设矿井的事。10多位六七十岁的老矿工听说商量重开安源矿的事，异常欢喜，便推举老矿工陈文琪在会上介绍安源井下的具体情况。陈文琪与其他矿工商量的意见是：先恢复东平巷，因为东平巷花钱少、出煤快，便于今后全面恢复安源煤矿。矿务局采纳了他的意见。

△ 安源煤矿复矿的批复　　△ 安源煤矿复矿的相关报道

第9章　建设江南大矿　153

1954年8月6日，安源煤矿复矿筹备组到了安源，并立即开始进行矿井的筹建。

　　筹备组翻山越岭观察安源地形，了解各山头土井和东西两平巷的情况。只见到处是断壁残垣，野草丛生，哪里有矿井的影子。他们决定一边整理原有资料，一边访问老矿工。老矿工刘腾芳听说筹备组要了解矿山过去的情况，带病花了5天时间画了2张30年前安源煤矿地面及井下详图，画图时，他像大姑娘绣花般精细描绘，把原来的巷道，各处的工厂，东、南、西、北四院（洋人住宅）及交通运输情况，都详细地描摹了出来。

　　筹备组需要安源南部的土井分布资料，老工人周方润帮忙介绍了73岁的钟月清，说他对安源的情况了如指掌，现住许家坊。周方润自己掏钱请人到许家坊找钟月清。钟月清听说是修复安源煤矿的筹备组请他，即刻动身前往安源，一股劲儿走了20多里山路。当晚，钟月清向筹备组介绍了安源的情况，一直谈到深夜12点。钟月清和周方润又花了2天时间，写下了50多个土井的资料，把每个土井的产量、地点、开采年限、煤质和曾发生的事故等情况介绍得清清楚楚。

　　年近七旬的老工人张竹林，曾于1921年秋毛主席第一次来安源时带领他下井调查，在安源进行革命斗争时加入了中国共产党。他找到筹备组的同志，每天不辞劳苦，领着筹备组的人翻山越岭，勘查散布在安源煤区的2000多个大小土井。后来，他还建议堵住土井的水，使水不再流向安源矿井，为安源复矿创造了条件。

附近的农民主动让出房子给安源复矿的工人居住，还砍来竹木帮工人搭工棚。杉仙乡第二农业生产合作社还给工程队写信：我们保证提高粮食产量、增加副业生产来支援你们！

1954年10月4日，东平巷开始修复，漆黑的巷道里又有了闪闪的灯光和风机的怒吼，沉寂了15年的安源山复活了，老工人多么高兴呵！他们非常关心矿井的修复情况，时常到工地办公室打听工程进度，为工程队出谋划策。

一天清晨，老工人罗其奉又来到工地办公室。正在这时井下打来电话，说在修复巷道的过程中发现了一个大洞，不知道是不是东平巷的配风眼，无法继续进行工作。罗其奉一听，立即提了矿灯与工地干部一道下了井。上了年纪的人眼睛不好，视物不清，罗其奉就一只手拿着灯头照着地面，另一只手扶着墙壁向前摸索。到了地方，他上下左右照了照，确定地说这就是原来的配风眼。经过确认，工程队放了心，决定穿过配风眼加快修复。

东平巷年久失修，老窿水积储，臭不可闻，顶板垮烂，稍一动煤就像磨面一样撒下来，如果阻挡不及时煤就会落满巷，巷道下又满是积水，工人坚守在这样的地方，眼睛经常被煤灰迷了，又红又肿，满身泥巴，老窿水熏得人头昏脑涨，心里直作呕。然而，这些没有击倒英勇无畏的工程队，他们仅用了4个月就修通了破烂不堪的东平巷。

东平巷修通后，紧接着扒拱、镶砌，这项工作细致、复杂，要在棚子上架棚子，工人谓之"楼上""楼下"。由于巷道陈旧破烂，扒拱时，只要功夫稍不到位，随时有可能垮下来阻塞东平巷的咽喉，造成"关门"，里面的工人出不来，对工人的生命安全构成威胁。在四、五两个工作点有个百米长的险段，滴水大、老窿多，是东平巷最破败的地方。老工人黄才生、匡鑫、刘福四等自告奋勇要整修这个险段。

他们凭借数十年的经验，小心缜密地进行整修。整修到最险的地方，顶板破烂不堪，只要工具稍动一下，渣子就会垮下来，老工人便用他们的双手扒煤，棚上扒开一点空，就塞把茅柴进去，再用竹尖并好棚……操作得小心翼翼，终于架好了棚，再看他们的指头，已经扒出了血。他们凭着这种坚韧的精神和吃苦的决心，硬是闯过了一道道难关。

镶砌工人的工作同样困难重重。工作面范围狭窄，水泥砖又大又重，开始，运送砖头要4个人，2个人在下面送，2个人在上面接，人虽多，效率却低。大家就想办法改用滑轮，装、运、拉仅用1个人就够了。多出来的劳力开设新的镶砌作业点，这样便提高了施工效率。4月开工时，一个大班只能砌2米，7月改用滑轮后，竟创造了日镶砌11米的新纪录。在工人的努力下，东平巷的修复提前2个月完成，即在1955年7月就完工了。

1955年8月，基建队又被派往八方井，任务是排干井下积水、修复巷道，使安源煤矿全面恢复生产。

八方井是安源煤矿的两个出煤口之一，早在1931年，因排水设备出现故障，兴盛时期日产煤量达1500吨的竖井全部被淹，1932

△ 八方井排水的情景

年6月，八方井停止抽水，任其自然淹没。1939年萍矿拆迁时将井口炸毁。区长林祥生来到八方井时，这里已是野草丛生、荆榛遍地，井口被遮得严严实实。排水的前哨工程是镶砌井口。八方井井口原来的直径为3米，现已被破坏成一个直径16米的大坑，一般的木材搭架都不够长。镶砌组老工人甘章生、叶光鑫在井口附近转了又转，盘算搭架、搭盘的办法，技术员熊年魁也和他们一道出主意，终于想到了解决办法。接着便动手"锁口盘"，将井口砌得结结实实。

1955年11月21日，八方井开始排水。排水过程中，他们开展了班组竞赛，三四天的时间，八方井的水位就下降了50米。可是到了25日，排水时遇到了3块大水泥块，这是当年炸毁矿井时掉落的，有20多吨重，卡在中间，吊桶下不去，水也抽不上来。工人用凿子凿，可水泥块太硬了，凿了3天才凿下几十厘米，照这样下去，起码得个把月才能将其砸烂，并且这样操作很不安全。

于是，施工队决定改用炸药炸，随着一声巨响，从井筒里冒出一股白烟，3块水泥被炸得粉碎，坠入井底。排水又顺畅了。

　　水排到80米时发现井筒里全是渣子。林区长考虑工人的安全，要大家坐在吊盘上捞渣。但这样一来每班只能捞上几桶渣，效率太低了。怎样才能提高效率呢？林区长心一横：不入虎穴，焉得虎子！他向水面扔了4只救生圈，系好保险带、挽起裤管、上了吊盘，他准备下到泥水里去捞渣。在他的带动下，又有6名工人上了吊盘，林祥生见他们都有安全措施，就同意一道干。吊盘将他们送到水面，大家纷纷下到水里，井水刺骨的寒，水面漂浮着一层碎木屑，还有马的尸骨*，泥水臭不可闻，更要命的是一种小蚊虫，密密麻麻地乱飞，钻进鼻孔里又臭又痒，说话时入了口，令人作呕。本来在这样艰苦的工作环境中大家开开玩笑幽默一番，可以忘记疲劳，但大家只能闭嘴不言。这班他们出了44桶渣。其他班组见他们出了这么多渣，就开展了生产竞赛，你追我赶，最快的一个班出了132桶渣。

　　1956年1月，水位排至2/3时发掘了大批老萍矿钢材，其中有德国无缝钢管61米、6英寸生铁管268米，还有槽铁、钢梁、梯子等20多吨。这些钢材的价值可供八方井全施工队

---

* 八方井开采的是安源境内煤，煤量有限，德国工程师赖伦从经济利益角度考虑，如果用电机车运输需要很多设备，不如用骡马，且当时很多国家都用骡马拉煤，所以八方井也就用了骡马。不想1931年那场大水，人跑光了，四只脚的牲口无法逃生，被淹死在矿井里。

职工发 6 个月的工资。

经过 3 个月零 12 天的努力，八方井的积水终于在 1956 年 4 月 2 日排干，共排出了 113.945 万吨水，达到了 163 米深的井底。

紧接着，施工队开始了巷道修复和机电安装工作。巷道垮塌得不成样子，东一个缺、西一个坑，被渣子掩埋的坑木横一根竖一根，都已腐烂，被积水淹没的几台水泵锈蚀得仅剩几块铁了，几台破烂的电机和无数根水管也被泥煤埋得很深。经过 4 个月的努力，所有巷道已被全面清理和修补，以前被堵塞得连缝隙都没有的地方，被工人整修得像地下走廊一样整洁，过去的老水泵房和几个大水仓也经过了清理和洗刷。井下的水泵、送风机、风筒等安全生产工程已全部安装完毕，井口的大型绞车已正式运行。1957 年 1 月，直通暗井的 4008 巷道可以投入生产。

基建队紧接着转入暗立井建设。安源煤矿下煤组恢复工程中兴建了一口主要井筒——暗立井，其于 1956 年 6 月 15 日正式开凿。暗立井的深度与原八方井为同一个水平，该井筒的有效断面比八方井大 22%，是下煤组移交生产的一个主要提升和运输井，年设计运输能力为 45 万吨。暗立井的井筒是上下贯通的，向下凿的为小井，又叫红水眼，因小煤井

△ 安源煤矿的煤即将外运

里会流出红水（含铁和硫）而得名，内有井底车场、中央变电所、水泵房、调度室、采区工作面……凿井时，掘进和镶砌工人分两个队，一队由小井向下凿，另一队由地底下的暗井向上开凿，对通几无偏差。1957年2月，安源煤矿下煤组的主力矿井——提升小井和暗立井先后建成。这样上下对通的工程，不但中国少有，连苏联专家也赞叹："苏联建设这样两头对通的直井也不多见呢！"

第一个五年计划的最后一年，安源煤矿全面恢复了生产，沉寂了20年的矿山再现了昔日的繁华。

安源煤矿经过多次改造，年生产能力由45万吨提升至90万吨，并连续14年超过百万吨，最高达121.5万吨。

△ 刘少奇当年与路矿当局谈判的地点——公务总汇（俗称谈判大楼）

2010年5月，萍乡国家安源矿山公园入选全国第二批矿山公园，为江西省首家获得建设资格的煤矿国家矿山公园。2015年建成安源国家矿山公园博物馆。2016年获评国家级矿山公园；2017年11月，被国家旅游局列为全国十大工业遗产旅游基地；2017年12月，入选工业和信息化部第一批国家工业遗产名录。

1954年5月，青山矿划归萍矿管辖。

青山矿的前身是1948年2月由集股合营的股份有限公司创办的。该矿建在青山马岭山上的鹅坡里，井筒是立井，深40多米，运输石门平巷70多米；采煤方法为手镐落煤，提升运输为土法人工辘轳提运；年产煤量万吨左右；工人总数百人左右，工人工作时间为每班12小时，两班工作制，没有周末、没有轮休制。工人的劳动防护极差，仅一条蓝色三尺三用布，上班扎头、出班围下身、澡堂当浴巾。工人的生活条件极差，吃的米是虫米，菜蔬春夏是萝卜、盐菜，秋冬是冬瓜、南瓜，被称作东南饭。床铺一天24小时都是热的，白班的起床晚班的睡，晚班的起床白班的睡，屋子里夹杂着各种气味，空气十分污浊。

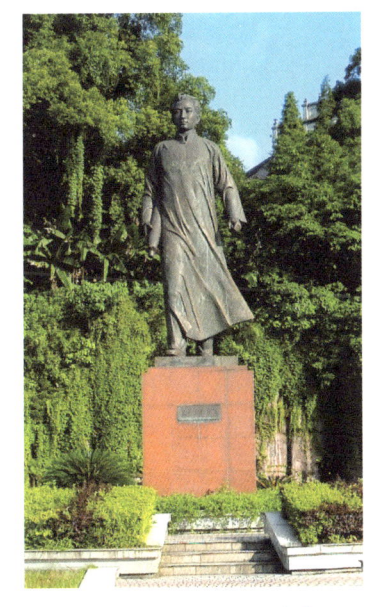

△ 安源铜像广场上的毛主席像

1951年11月，青山矿改由袁州专区管辖，改善了工地的生产条件和工人的生活条件。矿井加装了抽风机；井下铺了轻便铁路；提升的手摇车加装了滚珠，工人摇起来又快又轻松，工人称它为"解放车"。工人宿舍装了电灯；矿上创办了工人业余学校，教工人学习文化知识；矿上还修建了戏台、球场，工人有了文体活动的场地。工人的劳动热情高涨，日产煤量由原来的二三十吨提高到了100多吨。

青山矿后由袁州专区管辖转为萍矿管辖，萍矿人彻底改变这里的面貌。青山矿老井已不能适应发展的需要了，萍矿决定在彭家冲兴建一座平洞，因为开工正值红五月，所以起名为"五一"平洞。

彭家冲原是个冷清的小山冲，山沟里只有9户人家，本地人形容这里"四门可对话，一灯照全冲"。萍矿建筑施工队开进了小山冲，霎时机器轰鸣、车辆穿梭、人声鼎沸，昔日沉寂的小山冲即刻热闹了起来。建设者提出口号：一定在14个月内建成"五一"平洞。

不料，开工一开始就遇上了硬岩层，每天进尺只有1米左右。工人就学习先进的平行龟裂法进尺技术，打2米深钻眼能进尺1.8米。开始的几次试验都失败了，经过经验总结，原来是因为炮眼距离过宽。当时的风钻没有汽腿支撑，仅靠手工扶持，所以眼没打平，这些对来炮有影响。大家开动脑筋，制作了钻架，炮眼距

△ 青山矿"五一"平洞

离也缩短了，炮来得好了，平均每天进尺达两三米，效率提高了一倍以上。

进尺工作刚步入正轨，1954年6月又遇溶洞，里面全是稀泥，施工遇阻。

在建设"五一"平洞的基建队伍中有一支"五一"队，队员们豪迈地说："正因为有困难，领导才调我们来，我们现在叫'五一'队，就该拿出工人阶级的英雄本色来！"

凭借集体的智慧，终于想出了个好点子：在软黄泥层内，先打开超前小断面，采用撞楔背顶、背帮法，后面随着扩大架钢梁，再灌水泥浆，固化软黄泥。遇到水、流沙、黄泥浆时就远距离放炮，把水、流沙、泥浆放出来。工作中，泥水把他们淋成了泥猴儿。经过5天的艰难作业，基建队安全通过了20多米长的溶洞区。

为尽早贯通平洞，工人想尽了办法，克服了重重困难。井下放炮后，有时炮烟消散要等三四个小时，工人就脱下雨衣扇风，加快炮烟散去，同时用双风机吹风，加快炮烟外泄。当时，风钻没有水针注水，打眼时灰尘很大，他们就用矿帽舀水泼向当头减轻扬尘。当头滴水大，工人都浸泡在水里，有的人脚都泡烂了。

10月底，按预计平洞要与风井贯通，工程师李德纯寝食难安，晚上睡觉就把电话放在枕边。这天是平洞与风井贯通的日子，可到了深夜两点还没来电话，他赶紧爬起来换装下井，帮助工人打正方位。终于，11月1日，平洞与风井顺利贯通了。工人爬过贯通点见到第一槽煤时，高兴地欢呼起来："哎呀！多好的煤呀！我们早就盼望着见煤了！"

在开掘"五一"平洞的时候，还开掘了总风巷。这个巷道存在老窿，岩石破碎、滴水大，刚开始进尺就落后平洞百余米。为了使总风巷与平洞的施工进度同步，青山矿成立了青年突击队，加快总风巷的施工进度。青年工人干劲十足，接手的头一个月进尺比以往任何一个月都多。但青年工人缺乏技术经验，往往出现超挖的情况，不仅多出了渣，还浪费了材料。矿上派了老工人张耀宗来当组长指导工作，张耀宗指挥大家正确打眼、装药，超挖的情况减少了，进度更快了。不久，巷道瓦斯增多，张耀宗停用了平行龟裂法和小洞超前，改用斜形掏槽法。青年工人在老工人的指导下，施工进度很快赶上了平洞。

1954年5月10日，青山矿专用铁路与浙赣铁路接轨，材料运输更畅通了，平洞的施工进度又加快了。经过14个月的努力，"五一"平洞建成了，萍矿又增加了一座现代化主力矿井。1955年7月1日，"五一"平洞正式投产，年设计生产能力为15万吨。1957年生产原煤57万吨，超过设计能力一倍以上。"五一"平洞建成后，又马上对青山矿进行扩建改造。

青山矿立井改扩建工程，经过建设者们22个月的艰苦奋斗，于1960年6月建成投产。

青山矿改扩建工程于1958年8月动工，由萍矿青山工程处青山工区负责施工，主建一对立井、车场、泵房、沉淀池、机修库、等候洞室等，将青山矿由一座小型煤矿扩建成了一座年产煤量60万吨的现代化煤矿。

青山矿职工在党鼓足干劲、力争上游、多快好省地建设社会主义的总路线的指引下，苦干加巧干，按照规划目标一点一点抠，一天一天追赶，最终提前完成了任务。施工工期比煤炭部提出的中型矿井2年建成的指标缩短了2个月，比原设计规定移交生产期限提前了9个月。经过验收和试产，确定矿井工程质量完全符合设计要求，且绝大部分工程都达到了优质等级。根据设计要求，这座矿井总投资882万元，而实际只用了750万元，为国家节省建设资金130多万元。更主要的是，这座矿井开采出来的煤炭，正是国家工业生产战线迫切需要的优质无烟煤，预计年产煤量20万吨。青山矿的投产，对于矿务局完成，甚至超额完成产煤任务、促进国家工

△ 青山矿立井

农业持续发展具有积极意义。

1982年秋，200多名开拓工人从安源、巨源来到了荒凉的白源建井工地。

白源矿区距萍乡市中心5千米左右，行政上属高坑镇管辖。这里起伏的山一片平静，只有浙赣铁路线上每隔半小时有一列火车吼叫而过。这里没有路、没有电、没有房子，工人用竹子和毛毡扎起了简易工棚。动锤开工的日子，他们砍荒、推土、填沟……汽车上不来，他们就用肩膀扛起机器设备"嗨哟、嗨哟"送上工地，号子声划破了寂静的山野。

工人不知疲倦地赶工，渴了喝口山洼子里的水，累了在泥土堆上靠一靠。工人不知流了多少汗水，终于冲走了掌形、牛形、马鞍形三座大山，以最快的速度树起了三对井塔，揭开了白源矿全面动工的序幕。随着开山凿地的第一声炮响，开拓者们踏上了新的征程。

自主井刨开表层结构 40 米起，1800 多个日日夜夜，工人闯流沙、过断层、穿过破碎带；每小时涌水量 300 吨、500 吨……什么样的困难没遇到过？所以说，白源井是工人的汗水凝结的力量凿成的。

白源立井修筑时，在井筒延伸到 38 米时，与流沙狭路相逢，27 立方米的井筒，涌水量一下子涨到了每小时 118 吨，水中都是沙渣，你能排多少就有多少，一个班出渣上百吨，但井筒却没有延伸半寸。

当时，国内整治流沙最先进的办法是冰冻，使流沙冰冻成固态，再在冰冻层上掘进。这办法虽是行之有效的，但要耗费大量资金，还要延长工期。白源矿人不准备走这条路，他们要另辟蹊径、战胜流沙。

担任立井施工的井建一区副区长黄其鲁苦苦思索，烟一根根地吸、茶一杯杯地喝，历史的一幕展现在他眼前。那是在徐州丰沛矿井工程中，他们过红层时，既不架井圈，也不搞锚喷，而是采用临时混凝土支护。这办法会不会对白源矿的流沙适用呢？事实证明这个办法适用。流沙的堆积都有一个自然角，这个自然角虽然小，但可以缩短距离，通过降低自然角的高来弥补自然角的小及井筒周围空隙大的缺点，在自然角高1米，即井筒毛空1米时，装上模板，用混凝土填充井筒周围的空隙，混凝土就能挡住流沙，起临时支护的作用，使这1米的流沙不流到下1米。这样循序渐进地打支护就可以通过流沙层。就这样，一个用临时混凝土支护过流沙的方案在黄其鲁的努力下有了雏形。

他的方案拿到会上讨论时却没有被批准，而是采用了另一方案——临时金属支护。一天后，一架金属井圈架成了，第二天再加一把油，两架井圈如期架成。但到了第三天，工人费了九牛二虎之力也没架成。因为毛空高了，井筒周围的空隙也相应地加大了，水位落差大，井圈挡不住流沙，绞车不停地向地面提运沙渣，只是增大了周围的空隙，井筒并没有延伸。在现场指挥的黄其鲁凭借经验认为，井筒周围的空隙过大对今后的施工将后患无穷。强烈的责任感使他再次提出采用临时混凝土支护方案。这次讨论会上，方案通过了，并增加了两条措施：一条是在临时支护混凝土中加入钢筋，以增加抗压力；另一条是永久支护后进行壁后注浆，以便封水。

终于，流沙被制服了。

1985年和1986年，井位标高到100~160米时，遇到了萍矿历史上罕见的大含水裂隙层。这是中生代白垩系古生物骨骼形成的软岩结构，裂隙发育200多米，每小时涌水量达500~1000吨。

水，像一条恶龙，几乎把白源矿逼入绝路。主、副、风三井被迫停止进尺446天！白源井工地进入了非常时期。此时，无论是外界还是内部，白源矿下马的言谈四处蔓延。

不少工人找到矿领导，希望无论如何也要继续打下去。他们日夜守候在这片踏满泥浆的土地上。

白源矿的未来令萍矿工人焦虑，也惊动了煤炭部，随即调集专家，通过充分论证，认为白源矿打下去是有价值的。矿务局从北京请来了注浆专家魏德华，调来了大功率的西德水泵，一场缚住恶龙的苦战开始了。

工人冒着随时可能淹井的危险，在井筒底迎着几千克甚至十几千克压力的透水实施静水抛渣注浆作业。一点滴水足以打得人鼻青脸肿。

在工程技术人员的指导下，工人将2根高压管伸到井底，将石渣抛到井下达到一定厚度，经过多重周旋，横行作恶的水龙终于被制服了，白源矿井出现了转机。

治水是一场恶战，是一曲雄浑的正气歌。为了治水，工人每天泡在1.2~1.5米深的水中打眼、装药、放炮、掏渣、镶砌。身体被浸泡得像白萝卜，工人却打趣地说：我们的皮肤胜过"杨贵妃"。

为了治水，危险关头，党员干部就是敢死队。一次，主井贯穿副井仅差1米多，副井积水10000多吨，挡头涌水压力达21.6千克，随时都有穿水淹井的危险。就在这危难关头，以矿领导为首的党员干部顶替工人下了井，冒着生命危险打完最后一轮炮眼。工人感叹：他们不愧是共产党员。

矿务局主管基础建设的副局长王培梧分管白源矿基建，王培梧下基层勤，听司机说，晚上他在家里待不住、睡不着，常常要到各处工地转。他之前是一名建筑工人，矿区著名的劳动模范，30多年如一日转战矿区的每个建设工地。可以说，萍乡矿区的每座矿山、工厂和每项公用建筑都印有他奔忙的脚印。从施工人员到工程处领导，再到矿务局副局长，他始终保持着劳动者的本色。人们亲切地唤他"王老吾""老吾子"，足见他与工人群众的亲密无间。自白源矿开始施工，他风里来雨里去，翻山越岭指点"四通一平"工程（水、电、路、通讯通，场地平）。虽然他已年过半百，却不减当年豪勇，有时下井筒，有时爬上高高的脚手架，有时登上临时架的天轮平台，他不放过每项工程，要检查每个环节。有人问他："如今整顿企业，调整领导班子，要选拔'四化'干部到领导岗位上来，你是等着挨'切'的干部，还这样卖力干啥？"他朴实地说："共产党员一切服从党的安排。在位一天，就得把党交给的工作办好！往后退居到了二线，同样要为矿区的建设添砖加瓦。"从他身上，我们看到了萍矿老干部的战斗风貌！

白源矿井下工程，建设者们克服了重重困难，共计进尺8484.7米，投资4000多万元，于1990年12月25日建成投产，年设计生产能力为45万吨。白源煤矿井筒深500米，为当时江西

△ 白源煤矿

省最深的井筒。白源矿井的修建首次使用树脂锚杆固定钢梁、双层双车大型驱动平衡提升容器和 800 千瓦直流电电机驱动国产大型多绳提升绞车、50 米钢筋混凝土井塔等现代先进矿井提升材料和设备。

在白源矿地面建设方面，山丘被夷平、道路已修通、一座座高楼拔地而起，井口综合福利大楼、职工食堂、单身职工宿舍、办公大楼等基础硬件已与生产配套；矿区学校也建成了。与矿工村毗邻的文化广场、工人俱乐部、招待所和 400 户家属住宅已完工，矿工欢欢喜喜搬进了敞亮的单元住房。灯光球场预留了大片场地，建成了矿工休息公园。后山建了职工宿舍和医院，宿舍都是适用于南方气候的单开建筑，采光通风条件好……

如今的白源已经不是昔日的小矿区，而是华丽繁华的市中心。自市政府制定"南延北展、东拓西扩"城市发展战略后，政府大楼北移，白源便成为城市规划中的一颗明珠。行政方面，白源已由白源村发展为白源镇，再到白源街。紧挨着的320国道、319国道已成为萍乡最繁忙、最繁华的交通线，东南西北道路在这里交汇，入夜，车灯连起了一串串长龙。白源东邻萍钢白源钢铁厂，钢花映照着不夜的天空；北侧，玉湖波光粼粼，上海人家、观丰小区、中鼎大厦等楼宇高耸挺拔，江西工业工程技术学院雍容华丽，政府大厦直插云天，远处的沪昆高速、中环北路、沪昆高铁及渝厦高铁纵横交汇……白源的发展日新月异，明日可期！

杨桥煤矿在新余市分宜县境内。1970年开工建设，停停建建，直到1981年12月成立杨桥煤矿筹建处后才正式复工。1982年3月包建后，这座开满红杜鹃的大山步入了新的历史阶段。创业之初，创业者走的是泥巴路，吃的是露天餐，备受蚊虫叮咬，饮水难，生活相当艰苦。3000多名创业者吃住在深山里，他们从未喊苦喊累，而是按照施工的进度作业，速度很快，1985年6月1日，杨桥煤矿提前1个月移交投产。杨桥矿井下大巷11千米，年产原煤30万吨。修建了30栋四层家属楼、10栋职工宿舍楼。还建了菜市场、商店、托儿所、幼儿园、中小学校、俱乐部、球场等职工所需的硬件设施。

△ 杨桥煤矿井口

　　煤炭产业作为萍矿的主业，在第一个五年计划时，发展遇到了瓶颈。萍矿的地质资料不明、老煤井报废，发展前景堪忧，工人也缺乏信心。萍矿党委为着萍矿的长远发展着想，派勘探队沿浙赣铁路两边进行勘测，结果发现了有开采价值的新煤田，从而稳定了工人队伍，明确了发展目标，坚定了对未来的信心。地质资料摸清后，萍矿开始了大规模重建，工人先后克服了江南地质复杂、断层多、水害大等自然灾害，兴建和扩建了王家源、高坑、安源等7对矿井，年产煤量曾33年超过300万吨，最高年产煤量达450万吨，在江南赋存条件极其困难的条件下，百年来共产煤炭2亿多吨，成为我国南方名副其实的大矿，为中华人民共和国的建设做出了巨大贡献。

红色工业

第 10 章
CHAPTER TEN

多种经营，三分天下有其二

经过几十年的开采,萍乡煤矿的资源面临枯竭,为了萍乡煤矿的发展延续和十几万萍矿人的生活,矿局逢山开路、遇水架桥,兴办了多种产业,形成了以煤炭为主、多种经营产业并存的新局面。

1970年8月,《人民日报》《江西日报》分别派记者到萍矿进行调查,并于9月9日以"多快好省地建设社会主义矿山——江西萍乡煤矿以煤为主,大搞多种经营的调查报告""打破行业界线,大搞多种经营,建设社会主义新矿山"为题报道了萍矿多种产业经营的先进事迹。

萍矿是江南大矿,但经过几十年的开采,资源已经枯竭,而职工和家属总人数超过17万人,人员多、包袱重,萍矿的领导一直在思索:萍矿今后的发展怎么办?萍矿是毛泽东、刘少奇、李立三等老一辈无产阶级革命家开创事业的地方,决不能让安源这块招牌在我们的手上毁掉!于是,萍矿的领导者从长远发展的角度来谋划萍矿的未来。

萍矿的多产业经营始于20世纪50年代。1958年7月1日,局属高坑洗煤厂正式投产,洗煤能力达60万吨,经过技术改造,出煤量达100万吨,为江南最大的现代化洗煤厂。1958年国庆

△《人民日报》报道萍矿多种产业经营的先进事迹

第10章 多种经营,三分天下有其二

节，安源煤矿洗煤厂建成，该厂采用的是当时世界最先进的磁铁矿为介质的重介质洗煤，当时国内只有3座，安源煤矿就是其中之一。安源煤矿洗煤厂的建成标志着萍矿洗煤技术跨入世界先进行列。

萍矿采取土洋结合的办法，大办卫星工厂，以实现煤炭的综合利用。

1958年7月，高坑矿开始筹建萍矿第一座机械化、自动化的炼焦厂、炼油厂。1959年元旦，"红旗一号"焦炉出焦，年产焦量30万~40万吨。1959年11月，高坑洗煤厂又开始建炼油厂，该厂于12月28日建成投产，年产焦油1500吨。焦油经过再加工，产出汽油、煤油、柴油、重质油、粗酚、沥青油6种产品。随后，高坑洗煤厂又建了矿帽厂和矿灯厂，矿帽厂月产矿帽2800顶，矿灯厂月产矿灯700盏。

1956年4月，萍矿支架厂动工兴建；1958年11月，青山水泥厂建成，年产优质水泥4000吨，可满足萍矿生产建设需要。后萍矿支架厂与青山水泥厂合并为水泥支架厂，年产水泥支架5万~6万架。1959年，建成了年产水泥6000吨的水泥炉，年产水泥32000吨的大型水泥炉建设设备部分到厂，计划全部建成后，年产水泥量可达42000吨。1964年12月，华东煤炭工业公司萍乡分公司水泥支架厂部分移交给了萍乡市，建立了萍乡水泥厂。

1958年8月，萍矿机修厂在萍乡城南丹江李家湾动工兴建，为当时全国最大的矿山机修厂。1959年8月,根据江西省委决定,萍矿机修厂无偿移交给江西煤管局,后划归江西省机械局,更名为江西矿山机械厂。

1959年6月,萍矿工人报造纸厂在湘东动工兴建,月产优质新闻纸1200吨。1963年无偿移交给萍乡市工业管理局。

1959年8月,萍矿湘东电厂一号6000千瓦机组建成投产。1959年12月与泉江电厂一起无偿移交给江西水利电力厅。

以上产业的兴建为萍矿"一业为主、多种经营"的发展格局奠定了基础。

1969年,萍矿响应江西省革委会号召,大力开展工业两个突破,实行机械化采煤。但当采煤机械被生产出来后,遇到了生产工艺、生产管理等一系列挑战,原来的生产工艺和管理已经成为阻碍生产发展的"拦路虎",只有进行改革,才能适应生产的需要。这是一个全新的工程,如支护改革,要将纯木支架、长臂式采煤改为摩擦支柱、悬臂梁走向式采煤,即要改变以前的生产工艺。在采煤工艺管理上,原来是"两采一准",改后是"三采三准",完全颠覆了人们的思维。在运输管理上,以前是11型溜子,其属于单链条、运载能力有限,且链条极易断,影响生产,况且综合采煤机组采煤能力更强,每小时可采煤60吨,这种溜子已不能适应新生产工艺的需要,需要采用功率更大的双链条溜子运输。按照国外一些煤矿综采机组的运煤配套为40型溜子的标准,萍矿从实际出发,设计了仿苏 30 型溜子。但由于溜子、摩擦支柱、悬臂梁都是由钢铁制造的，装备一个机械化工作面需要数百吨钢材。当时钢材属于国家战略物资，控制严格，而煤矿的机械设备都是按照生产能力设计的，突然改变生产设备，钢材从何而来？萍矿决定自己生产钢铁。

1970 年 5 月，萍矿组织了 193 名工人、181 名工读学生*和 44 名家属创办了安源钢铁厂（小钢联）。安源钢铁厂建有 28 立方米小高炉 1 座，在巨源建有 13 立方米炼铁炉 1 座。1971 年，安源钢铁厂兴建了侧吹转炉，并在巨源冬瓜槽和腊市开了铁矿，同时在高坑兴建了年产 3 万吨焦炭的红旗炉。这样，一个小型钢铁联合企业基本建成了。

当时，萍矿实行产量翻番、大力开发小煤窑策略。由于小煤窑距离主井较远，所开采的煤炭需要车辆运输，而萍矿运输队的车只够运输材料，根本没有多余的车辆运输煤炭。1969 年 12 月，萍乡矿务局后勤部运输队修理车间自制了专用煤炭运输设备 6 台，首次造出了 4 辆安源牌载重

---

* 工读学生为萍矿特有，总人数约 5500 人，年龄在 14~17 岁。当时的政策规定，这些学生初中毕业后，须再到工读学校进行为期 3 年的半工半读。他们以矿井、车间为课堂，以工人为老师，分布在采掘、机电、水泥、化工、支架、钻探、医务、财会、汽车制造和土木建筑等岗位，以劳动为主，边劳动边学习，以使他们在三大革命第一线接受锻炼，在斗争中培养成为工人阶级的接班人。工读学生学习期间的生活费为每月 16 元，3 年期满后转为正式职工。实际上，工读学生属于不合法用工，其中的问题涉及方方面面，不容易解决，直到 1974 年才将萍乡矿务局长期参加煤炭生产劳动的工读学生等正式列入劳动计划，工读学生问题才被彻底解决。

汽车和两辆安源牌吉普车。载重汽车的外形与解放牌汽车相同，只是车头上换了字。上安源锡坑分矿坳时，由于坳又长又陡弯又多，有的车数次才能冲上去，有的实在冲不上去，只能原车返回。吉普车主要用来运送出进班的老工人，行驶中也会趴窝，开不了多远就抛锚了，司机就要下去发动，但当司机去摇发动机时又没人踩油门，后来安源煤矿规定，每车必须有数名青年工人跟车，车熄火了青年工人就推车，一直推到车发动为止，工人们笑说："牛皮不是吹的，车是推的。"这样推推开开，比走路快不了多少。

随着煤炭产量的提高，坑木的供给跟不上生产发展的需要。矿务局实行了坑木代用方案，组织了122名家属、39名工读学生

△ 安源钢铁厂炼铁炉　　　　△ 安源钢铁厂的工人正在浇铸钢件

△ 即将出厂的安源牌吉普车

和39名工人办了5个以煤矸石和铁矿渣为原料的水泥厂，实现了矿矿有水泥厂。同时还办起了石灰厂、片石厂、红砖厂，从此结束了萍矿建工材料依靠外援的历史。水泥的质量，除矿务局"久久"牌外，其他的都因水泥质量不合格关闭了。

1966年6月1日又兴建了火工厂，火工厂职工进行了设计革命，土法上马，不要设计，自力更生，自己动手，依靠4名老工人和61名工读学生，平均年龄17岁。他们用两个木箱棚做厂房，用废旧材料造土设备，经过45天的奋斗，投资11000元，雷管厂建成投产，年生产能力达400万发，实现了自给有余，还能支援外地。

大安山区位于萍乡的东南部，东与安福相邻，南毗莲花，最高峰金顶海拔1918米，是江西省境内的最高峰，山顶有10万亩

△ 萍矿水泥厂

高山草甸，是江南仅有的天上草原。大山孕育万物，一条玉带似的河从深山里奔腾而下，这是赣江的支流袁河的发源地。清澈的河水滋润着两岸的青山、滋养着万物，大山郁郁青青，山头长年云蒸霞蔚，不到夜分不见曦月。山景秀丽，虎啸猿啼，呦呦鹿鸣，呖呖莺啼，山花明媚，果落有声……这是怎样丰饶的山野，它又珍藏了多少秘密。

萍矿林场就坐落于大安山区，原名为萍矿"五七"林场，是为了纪念毛主席1966年发出的"五七"指示命的名，这座林场是知识青年创办的。一个挖煤企业，为什么要办林场？萍矿是个年产煤量300多万吨的煤矿，是江南最大的矿井，每年需要国家供应木材7万多立方米，是用木量很大的单位，并且很多木材要从几百里，甚至上千里外运过来。自己没有林场，必然受制于人，并且中央政府很重视坑口林的种植，萍矿的职工子弟多，政策允许知识青年去创办林场，林场又属于自己的单位，在如此好的政策的驱使下，萍矿就创办了自己的林场。

1974年春，寒意刚刚退去，一大群知识青年在老工人的带领下朝大山走去。林场创始人之一朱饶萍记得，山是原始的山、沉寂的山，只有兽迹鸟道。没路，用刀砍出来；没住房，就用几根木头和茅草搭个简易工棚；没菜，就挖野菜、熬米汤。"夜宿竹小棚，锻炼一代人"，这是老场长何慈生放眼大山即兴赋的诗。

造林是很辛苦的。他们坚持"秋冬整地、冬春造林"，不失时机地展开造林大会战。造林先垦山，他们先是烧荒，把老的残次林、茅草坡、灌木林放火烧掉。接下来是定点打穴，深挖6寸[*]，柴蔸挖掉。这可是很苦的活，俗话说"世间三般苦，上坳、推车、挖山土"，这山里的土，不仅结实，而且有树蔸、树根等揪揪扯扯，工人一个个累得满头大汗，手上都磨起了血疱，一点不比井下打风镐采煤轻松，甚至还要苦，但工钱却少得可怜。不仅要种，还要管活。这要怎么管理呢？林场坚持按质论价，坚持三不栽，即断根苗不栽、病苗不栽、枯苗不栽；掌握三要领，即栽正、舒根、踏实。这些都做到位了才算符合标准。当年冬春种下了树，进行第一次验收，不合格的推倒重栽，合格的先付工钱的80%，竹林付50%，余下的部分秋季结算。质量特别好的，按等级每亩给1元或5角。依据此标准，几年后，林木成活率达80%以上。

萍矿林场经过十几年的建设，已经广布4县区的8个乡镇，林区面积近5万亩，是江西省最大的坑口林，更是江西省煤矿企业唯一的自建林场。林木在林场人的精心养护下茁壮成长，都成材了，山风吹拂，涌起层层绿浪，夕阳西下，成群的白鹭迎着血红的残阳翩翩归巢……这是多么美的一幅山水画！林场工人想到过去所受的苦，看到如今成材的林木再回味时心里也是甜的！1998年，长江流域发生了百年不遇的洪水，造成洪水的原因是长

---

[*] 中国市制长度单位，1寸≈0.033米。

△ 1975年知识青年们造的杉树林　　　　　△ 林杨的树木已成林

江流域树木的过度砍伐，土地不能涵养水源。中央下了死命令：长江流域的林木严禁砍伐！萍矿林场也在禁伐之列。萍矿人以大局为重，遵守国家的法令，并肩负起了保护山林的职责，让祖国的山林长绿，让祖国的河水长清。萍矿林场也成为萍矿人向祖国母亲深情奉献的一片绿的海洋。

当然，大山也以另一种方式回馈了守护大山的萍矿人。林木根系深了，涵养了水源，地下水源丰富，是宝贵的矿泉水；大山千姿百态，"横看成岭侧成峰，远近高低各不同"，又是很好的旅游资源。勤劳智慧的萍矿人又依托大山办起了新产业，如月池水公司、旅游公司、竹木加工公司、冷饮厂、塑胶厂、纸箱厂等。如今，林场的第三产业搞得是红红火火……

1986年，萍矿林场荣获了煤炭工业部绿化委员会造林先进单位。

△ 萍矿林场总部

　　1979年3月12—16日，正值中国第一个植树节，全国煤矿营造坑口林会议在萍矿林场召开，会议历时5天。会议的主要任务是总结1978年营造坑口林的经验，表彰先进，讨论1979年造林和林业生产各项计划。

　　参加会议的有全国17个省市煤炭局，48个矿务局的负责人、干部和工程技术人员，江西省林业局、萍乡市农办、萍乡市林业局的负责人也参加了会议。到会代表共计100多人。煤炭部供应局副局长张树铮参加了会议。

　　煤炭部供应局支护处处长安善德带领大家学习了《中华人民共和国森林法（草案）》，传达了华国锋同志在1978年2月2日听取国家计委汇报时的指示："工矿企业有条件的要开展绿化工作""要像抚顺那样进行造林"。

张树铮作了工作总结。1978年，全国煤炭战线的形势很好，全国煤炭生产总量突破6亿吨，其中统配煤矿产量达到了3.42亿吨。在这种形势下，煤矿营造坑口林的工作也在向前推进。全国重点煤矿的坑口林营造面积已达430多万亩。1978年调整后营造的40万亩坑口林计划已基本完成，林木成活率在70%以上，完成较好的有山西、黑龙江、江西等省。育苗7300多亩，全年共产木材9万立方米。江西省萍乡矿务局对营造坑口林工作极为重视，在省、市、局的领导下，市区各级农业部门的大力支持下，依靠当地农村社队，营造坑口林工作取得了骄人的成绩，3年造林14000多亩，林木成活率达90%以上，是煤炭系统1978年营造坑口林的先进单位。

1978年3月12日，在全国煤矿营造坑口林会议期间，到会代表冒雨上山植树，还参观了萍乡矿务局坑口林基地。

高坑煤矸石发电厂以高坑煤矿洗煤厂的洗矸（热值1560大卡*/千克）为燃料，以矿井井下排水为工业水源。自1979年起，经过断断续续18个月的建设，一号和二号机组分别于1982年4月和10月，三号机组于1986年1月相继投入使用，且均为一次性投产发电成功。

1987年8月，当安源电厂项目的批文还在有关部门的手中时，安源发电厂已经开始动工兴建了。1990年4

* 大卡，热量单位，用来表示煤炭发热量。1大卡=1000卡，1卡≈4.19焦耳。

△ 高坑煤矸石发电厂

月，安源发电厂建成投产，安源发电厂建设投资2864.21万元，总装机量3台机组1800千瓦。

△ 安源发电厂

萍矿的煤矸石发电技术得到国际同行高度赞誉。1983年10月，江西省煤炭工业厅厅长张钦才和萍乡矿务局机电副总工程师、高级工程师段万明等一行 4 人，作为中国代表团参加了联合国在苏联莫斯科召开的欧经会低热值燃料综合利用讨论会（讨论会共有 19 个国家的 165 人参加）。会上，我国代表团宣读的《煤矸石发电在中国矿区的运用与前景》受到全体代表的热烈欢迎，掌声经久不息。翻译成英语、俄语的 80 多份材料放在资料桌上被争抢一空。苏联乌克兰电力研究所的一位专家见到我国的代表说："中国好样的，我们的煤矸石发热量多在 2200 大卡 / 千克左右，现在都被丢掉了，你们用 1500 大卡 / 千克的矸石来发电，真了不起！关于利用矸石问题，我们才开始想。"罗马尼亚、德国、捷克等国对我国采用煤矸石发电的成就赞不绝口。此次会议主席苏联电力部副部长 B- 萨巴日尼科夫见了我国代表就说："你们宣读论文时，我没有在场听到，感到很遗憾，我们的专家专门给我介绍了你们的论文内容，同时，我将你们的论文全部看了一遍。我非常感谢中国同志作了一个很好的报告。我头一次听到中国有这么大的沸腾炉，有这么大规模利用煤矸石发电。低热值燃料利用是世界性问题，我想总有一天会得到解决。"他在会议总结时也称赞了中国煤矸石发电的成就。煤炭部领导盛赞高坑煤矸石发电厂是"江南一枝花"。

由中国客车网主办，《中国旅游报》《中国工业报》《商用汽车》《汽车观察》等报刊协办，主题为"影响中国客车业"的 2006 年度中国客车行业十大新闻评选活动经过中国客车网投票系统仔

△ 安源客车厂

细筛选、过滤,在监督委员会的严格监控下正式揭晓结果,"2006年度中国客车行业十大新闻"随之出炉。值得一提的是,在本次投票评选过程中,出口新闻成了投票的热点,其中"安源客车出口美国 200 台,创出口发达国家最大订单"(最终有效得票 1208 票)、"宇通客车出口古巴 1000 台,创国内单一出口客车最大订单"(最终有效得票 1008 票)、"苏州金龙出口 500 台海格客车服务多哈亚运会"(最终有效得票 986 票)等都位列前十,标志着中国客车走向世界的决心和趋势。

安源客车是怎样"炼"出来的呢?

1969 年 12 月,萍乡矿务局后勤部运输队修理车间自制专用设备 6 台,首次造出 4 辆安源牌载重汽车和 2 辆安源牌吉普车,这便是安源客车厂的雏形。

20世纪70年代中期,安源客车厂生产出第一辆"安源"牌大客车,但由于当时无图纸资料、技术力量薄弱,造出的客车头像头大狗熊,趴窝献丑,这一下子就损失了几十万元。职工们从这次教训中吸取经验,痛定思痛、重振精神,1979年,终于生产出了2辆客车,还被省里"相中"了。从此,职工们提振了精神,将客车作为安源客车厂的主打产品。

△ 1979年安源客车厂生产的第一辆"安源"牌客车

1994年金秋时节,安源客车厂走过了艰难起步、奋斗崛起的时期。这个原来煤炭行业名不虚传的汽车修理小厂,在煤炭部、萍乡矿务局各级领导的关怀下,凭借改革开放的东风,不断创新,终于跻身强手如林的汽车制造行业,成为全国重点客车制造厂和东风汽车集团成员企业,以"安源"命名的客车从这里驶向祖国的大江南北、长城内外。

自 1979 年第一辆"安源"客车产出以来，安源客车厂的职工们几乎每年都在调整思路，以有效的对策来兑现当年办厂的宗旨和为用户竭诚提供优质产品的承诺。

1980 年，安源客车厂将 50 辆客车投入市场，主要销往全国煤炭系统，被煤炭部定为煤炭专用通勤车定点改装厂。1985 年，"安源"牌大客车通过国家海南汽车站 25000 千米强化道路试验，并取得圆满成功，为日后赢得市场奠定了坚实的基础。1986 年，安源客车厂被列入国家"七五"技术改造规划，成为全国 49 家重点客车厂之一。由煤炭部投资 3000 万元的技术改革工程竣工投产，从而具有了年单班生产客车 1200 辆的能力，同时，具有现代化先进水平的汽车检测线工程也投入运行。

1988 年 10 月 10 日晚，联营公司董事长、总经理，二汽厂长陈清泰向中共中央政治局常委、中共中央书记处书记胡启立介绍安源客车。

△ 联营公司董事长、总经理，二汽厂长陈清泰（右）向胡启立（左）介绍安源客车

1992 年，"安源"系列客车在多次荣获省优、行优的基础上，其客车经全国用户举荐和汽车专家对市场调查的严格评审，荣获"全国消费者信得过国产车金奖"。1993 年，

△ 出口美国的"安源"牌客车

安源客车厂的客车又以质量、技术、价格三大优势挺进上海市场，从 1992 年 5 月至 2001 年 4 月，安源客车厂已在上海销售自己生产的各种型号的"安源"牌客车 4600 多辆，给强手如林的上海"大世界"带来了异乎寻常的震撼。

面对市场的需求变化，安源客车厂的人以强烈的事业心和责任感，加快产品的更新换代，平均每个季度开发一款新产品，以品种多样化占领市场。在产品质量上，从严管理、一丝不苟，把质量目标结合责、权、利落实到每个班组、每道工序。今天的安源客车厂拥有 10 多个全新产品系列和 100 多个车型，拥有美国、澳大利亚等发达国家的广阔市场和国内一流的管理和技术研发团队，拥有全新的生产基地，已成为向西方发达国家出口高档客车的亚洲最大出口企业。安源客车在巩固与美国和澳大利亚战略合作的同时，积极建立与欧洲各国的战略合作关系，使安源客车不仅走进美国、澳大利亚，走进欧洲，还要走向全世界……

1966年6月1日是萍矿六六一厂动工的日子，这也是厂名的由来。这一天，沉寂的黄泥墩荒山上，陡然喧闹起来，只见上百人打着背包、肩膀上揽条白毛巾，欢快地劳作起来，他们挖的挖、挑的挑，欢声笑语使这座沉寂的山林变得热闹起来。没有路，他们披荆斩棘，从荒野中踏出路来；没有房子，他们就用刚砍下的枝条、筱竹插在地上，用竹片夹起来，内外再敷上泥，盖上干打垒房子。刘福元等筹建领导、专家就是在这干打垒的办公室里，描绘出了六六一厂灿烂的明天。一边搞土建，一边搞84#产品试制。当时，创业者们所掌握的火工产品知识几乎为零，他们一方面在上级部门的支持下，调来了曾在东北老火工厂工作的宋显宗、

△ 萍矿六六一厂

张文、王凤山、樊金鹏等6名师傅；另一方面，张继丙、罗丙林等到徐州、广州、湖南等地学习，试制组成员熬过了一个个不眠之夜，终于在1966年的金秋十月试产成功了。大家高兴极了，个个奔走相告，欢快之情溢于言表。

不久迎来了另一支创业大军，他们有男有女，脸上洋溢着稚嫩的笑容，他们有个特殊年代的记忆——五七工读学生。正是这群创业大军的到来，坚实了六六一厂的基础。从此，黄泥墩的荒山上，不仅有了笑声，还荡漾起了欢快的歌声，同时有了浪漫的爱情故事。

84#产品批量生产后，大家又把目光盯在了85#产品上，"有药无火"，不能算完整的火工厂。以文光普、张继丙、宋显宗、王凤山、樊金鹏、吴祖林等组成的突破组开始朝着更加崎岖的高峰攀登。没有图纸、没有资料、没有工具、没有设备，有的是一个个难以逾越的障碍，但英勇的创业者们有逾越障碍的信心和勇气！一次，张继丙打听到浙江有家火工厂下马，他征得厂领导同意后，火速赶往浙江，揽下了几台旧设备；又从东北某厂买来被废置的脚线和纸管，加上工人自制的手工线机、压纸机，85#生产车间便有雏形了。因陋就简、土法上马，突破组用了22个日夜就将试制瞬发雷管的难关攻克了。又是一个金秋十月，时任省委书记白栋材到厂里视察指导工作，他高度赞扬萍矿人白手起家、艰苦创业的精神，夸奖六六一厂为江西工业填补了一项空白。

第10章 多种经营，三分天下有其二

△ 各式火药和雷管

岁月如歌。在之后的岁月里，六六一厂不仅扩大和改造了84#、85#两条生产线，还先后研制和开发了毫秒延期电雷管、爆破线、护套线、乳化炸药、乳化剂、火工机械等几十种新产品，为六六一厂进入改革开放新时代、从计划经济走向市场经济的转型发展奠定了坚实的基础。

当时，光巨人跨入20世纪90年代的门槛，中华大地上翻起了滔天巨浪，由计划经济向社会主义市场经济转变。萍矿的改革一时风生水起。作为萍矿的下属企业，新任领导班子懂得，一方面要配合企业的改革，另一方面要有自己鲜活的东西帮助企业发展。他们认为，按照计划经济时代的路走是"吃不饱、饿不死、搞不活"的状态，不如奋力拼搏一番，把六六一厂这艘航船驶入市场经济的海洋，赚个盆满钵满。

于是，六六一厂大刀阔斧的改革开始了。矿务局的方案他们坚决执行，减人提效、精简机构、三项制度改革、风险抵押承包等。他们还根据厂内实际情况，化小单位，实行分灶吃饭，将总厂划分为4个小厂和4家公司，建立了一个厂外有厂、厂内有公司的新的经营格局。

改革力度最大的是火工机械厂。他们认为，企业发展的根本是科技创新，六六一厂作为煤炭部的一家火工企业，只有有了自己独特的产品，才能在市场中立于不败之地，做到人无我有，人有我优。于是决心在原有半自动乳化炸药装药机的基础上研制全自动乳化炸药装药机。

火工机械厂按照总厂的要求，要在每年担负总厂的设备安装维修、配件加工以外，上缴利润7万元，还要研制新的全自动乳化炸药装药机。为了完成目标，承包厂长易正云和党支部书记黄文明于正月初三就带着20多位技术骨干开始干了。两年前已退休的六六一厂原工程师刘才佑、分厂党支部书记邬永彤曾为第一代装药机的研制做出过贡献，他们谢绝了外面企业的高薪聘请，欣然接受工厂的返聘，为设计全自动乳化炸药装药机贡献自己的力量；负责生产的副厂长刘宪忠患胃溃疡，发作起来疼痛难忍，他就每天带两个馒头，痛的时候就嚼两口；分厂党支部书记黄文明是电器技师，负责设计自动乳化炸药装药机电器控制系统。他从没学过计算机专业知识，凭借自己20多年的经验，刻苦钻研、翻阅查找资料、反复实验，把计算机程序控制器合理地运用到自动乳化炸药装药机上；家住新余的金工组组长叶丙高，春节没回家，妻子惦念他，从新余赶来厂里看望，他从机床下钻了出来，由于

△ 流水线生产车间

蹲久了腰酸背痛，只能靠双手撑着腰才站起来。妻子抱怨地说："丙高，你要装药机不要家了呀？"他满怀歉意地对妻子说："忙过这阵子就回家。"可当妻子走了，他对妻子的承诺就忘了，又一心扑在了装药机上……

科学是严谨的，来不得半点虚假。为了攻克研制过程中遇到的技术难关，研制组先后测定了上百个数据，绘制了几百张图，设计了近10种方案，一次失败，就再来一次。总厂领导多次到实地了解自动乳化炸药装药机研制进展，为大家加油鼓劲。厂长吴祖林说："我们不要怕失败，哪怕失败了10次、20次，也只会成功，我们现在是倒计时，失败一次，离成功就近了一步。"

在这4个多月的时间里，研制组的每位成员每天工作都在十五六个小时，尤其是最后冲刺阶段，样机出来了，成功前最后的"拦路虎"又冲了出来——自动送纸筒卡壳！疲惫至极的研制组重新振奋起精神，召开"诸葛亮会"集思广益，认真分析查找疑点，找到问题的症结后，重新制订了设计方案。难点攻克了！乳化炸药装药机终于实现了全自动！他们将该产品命名为RZY-16型乳化炸药自动化装药机。

120多个日夜，对于一般人可能只是很平常的日子，可是对于火工机械厂的职工来说，却经历了一番煎熬。终于，历经考验的他们迎来了收获的日子。1997年4月21日，煤炭部火工处处长刘小苗组织10多位煤炭行业的火工专家对RZY-16型乳化炸药自动装药机进行技术鉴定。这是大考的日子，每个人的心都提到了嗓子眼儿，虽然他们对这个产品摸透了，懂得它的脾性，对它充满了信心，但他们仍然不放心，因为机器说不定忽然发脾气了，趴窝不动；因为专家的眼睛是挑剔的、毒辣的，说不定他们对某方面不满意；因为……他们也说不清到底情况会怎么样，只能静静地等着，像等待"宣判"一样。专家鉴定先看说明书，接着问机器操作和运转过程，然后一个部件、一个部件进行检查，再联合运转……他们跟着专家转，转晕了头，转得脚抽筋。最后，"宣判"开始了。专家认为"该机设计合理，机械化程度高，采用液压传动和电脑控制，运行平稳、安全可靠，各项技术指标均达到了设计要求，在国内火工行业居领先水平。"刘小苗处长还高度评价："你们厂从企业求生存、求发展的长远利益出发，依靠科技进步，以高度的主人翁责任感和苦干实干的精神，成功地研制出了乳化炸药自动装药机，这不仅搞活了企业，增强了企业的后劲，同时为全国乳化炸药的发展又一次做出了新的贡献。"

如此高的评价，这是研制组没有料到的，更是他们愿意听到的，他们高兴得热泪盈眶，奔走相告，把最好的消息以最快的速度向全厂、全局发布，让全局员工都来分享他们的幸福与快乐！

这 120 多个日夜的厮守，120 多个日夜的苦苦求索，他们眼睛熬红了，身体瘦了，但是这值！他们创造了一个中国第一！拿下了一张进入市场的入场券！

这张入场券的含金量很足，给六六一厂带来了丰厚的经济效益，产品供不应求。截至 2000 年，该厂生产的乳化炸药装药机不仅武装了国内 60 多个火工厂，而且外销越南等东南亚国家。

进入 21 世纪后，六六一厂乳化炸药装药机的换代产品，不仅成了国内各火工老厂技术更新的主要设备，而且是新建炸药生产厂家的首选设备。

2003 年，六六一厂在开发快速化学发泡乳化炸药的同时，成功研制出了与工艺配套的基质冷却机。这一火工机械的诞生，不仅为本厂生产快速化学发泡乳化炸药解决了减轻人工劳动强度、缩短化学发泡时间、降低生产电耗等问题，而且为推广快速化学发泡乳化炸药生产技术创造了可靠条件。

2005 年年底，火工机械厂固定资产净值达 182 万元。2005 年当年利润 200 多万元，工厂还获得了"2005 年江西省技术创新示范岗"荣誉。

2006 年 3 月 13 日，萍矿集团根据六六一厂火工机械厂走向市场的需要，决定批准火工机械厂改制为股份制企业。2006 年 6 月 6 日，六六一厂火工机械厂正式改制，组建了萍乡火工机械有限责任公司。萍乡火工机械有限责任公司引进厂外科研机构和火工机械厂原管理层人员股份，萍矿集团以无形资产和部分实物资产入股。火工机械公司当年确定的目标是在2~3年将火工机械公司做成年销售收入3000万元的规模。

△"久久"牌矿渣硅酸盐水泥装车待运

火工机械公司2006年和2007年连续两年利润500多万元。2008年，萍矿集团投资300多万元，将该公司搬迁到320国道萍乡至白源段的白源街开发区。2008年利润200多万元。

1981年，改革开放的热浪席卷全国。"久久"水泥厂的职工为了适应新时期的发展需要，顽强拼搏、无私奉献，克服了许多难以预料的困难和阻力，艰苦奋战3年，把一个靠肩挑手推的小立窑生产水泥的落后小厂，改造成了年设计能力为15万吨水泥、1200吨水泥速凝剂，质量检测设备精良，技术先进的现代化企业。1996年，水泥厂再次进行改造升级，年产水泥量达18万吨。该厂生产的"久久"牌矿渣硅酸盐水泥和普通硅酸盐水泥，以质量稳定性好、富裕标号大、早期强度高、包装破损小四大特点和袋重合格率达100%饮誉江南十几个省市，在矿务局多种经营史上写下了光辉的一页。

1998年，长江流域发生洪水，九江决堤，国家决定兴建九江防洪工程。这是国家非常重视的重点工程，建材生产厂家的竞争非常激烈。萍矿水泥厂拿到订单后,丝毫不敢松懈,根据建设工地的需要,及时调整了产品工艺指标,以确保施工要求。为把好质量关,厂化验室增加了取样检测次数,全厂从原料进厂到水泥出库包装,每个环节的职工均全力以赴、一丝不苟,他们只有一个念头,绝不能让自己负责的环节给"久久"牌水泥抹黑!在确保质量的前提下,从1999年3月起,每天发往九江150多吨水泥,以确保防洪堤的水泥供应量。最终,九江防洪堤被评为优质工程,"久久"牌水泥经受住了考验。

之后,"久久"牌水泥又凭借自身过硬的质量,在江西赣粤高速、319国道、赣抚大堤、323国道等国家重点工程中接连中标,成为萍矿第三产业的一颗璀璨明星。

萍乡电焊条厂是全国煤炭行业唯一生产电焊条的厂家。1988年,"银箭"低氢506焊条焊接了当时国内最高的钢结构电视塔——汕头广播电视塔,该塔高212米,抗风能力12级以上。2000年,萍矿集团投资1000万元对电焊条厂进行技术升级改造,引进6条国内一流的滑轮式拉丝生产线,整个工程从决策到破土动工,再到建成投产仅用了4个月。该厂可同时生产6种规格、不同用途的焊丝,年生产能力最少6000吨,从原料到达工位、拉丝退火、化镀、精烧,最后到包装,全部实现机械化作业。

2001年,电焊条厂生产的"银箭"牌电焊条成为三峡用焊材。

1995年,萍矿获批煤炭部最大的一笔资金,萍矿耗资

△ 电焊条厂

1亿元兴建了一座占地面积150亩、生产能力为400吨/天的浮法玻璃厂。这座工厂被视为萍矿的"希望工程",它的兴建意味着萍

△ 萍矿浮法玻璃厂

矿产业的重大转型，萍矿将降低煤炭主业在企业中的比例，以实现"以煤为主、多种经营"的构想。但是，1个亿的资金远远不够，仅够购买土地。因此萍矿作出了重大决策：炸平机厂，在机厂的原址上兴建浮法玻璃厂。

萍矿机厂在江南煤矿机修中具有举足轻重的作用，江西省、湖南省的矿山机械坏了都到这里来修理，机修厂还制造了搅拌机、建筑用塔吊、矿用机械等，同时担负着矿山整体安装、外线安装等工作，实力十分雄厚。现在要炸掉，机修厂的工人无论如何想不通！

动工这天，机修厂的职工把厂区围了个水泄不通，他们不理解，好端端的一座工厂为什么要毁掉？他们有的人抚摸着一堵堵

△ 浮法玻璃厂生产线

熟悉的墙壁，似乎这墙壁也通了人情；有的人与同事、朋友告别；有的找领导做最后的诉求，希望在最后时刻局长能怀怜悯心肠，保住这家工厂……可是，为了萍矿长远的发展，为了保证萍矿的子孙后代都能吃上萍矿的饭，必须作出局部的牺牲！

旧厂房在隆隆的炮声中被夷为平地。建设者们冒严寒、战酷暑，要在最短的工期内完成萍矿的"希望工程"。江南的春天又冷又湿，工人踏着泥泞、冒着丝雨绑扎钢筋、装模板、浇注混凝土；夏天烈日炎炎，工人挥汗成雨，努力忙工程；秋风阵阵好乘凉，工人抢着加班干；冬天白雪皑皑，脚手架冰冷刺骨，虽然辛苦，建设者们仍忘不了在工地照张照片，记录下在这里的工作……经过工程处建设者们日以继夜的奋战，终于在1997年，萍矿浮法玻璃厂顺利建成投产了。

建一座玻璃溶解炉不够，因为只有让产品占领市场，才有发言权。2001年2月26日，另一座日玻璃溶解500吨的浮法玻璃厂在城北动工了，该厂占地260亩，总投资2亿元。这次，萍矿打的是环保牌，厂房前有两棵500多岁的古樟树，萍矿施工时主动为古樟树让路，内退了数十米。古樟树也懂得，它以绿意装点着现代化十足的工厂，古老与现代相得益彰。

为了打造玻璃"航母"，浮法玻璃厂充分发挥生产、技术、人力资源等优势，避免市场份额的互相挤占，2002年年底，萍矿审时度势，将两家浮法玻璃厂重组整合，合二为一。整合后的萍乡

△ 制冷设备

浮法玻璃厂年生产能力达550万箱，成为全省唯一一家大型玻璃企业，从而在我国南方玻璃行业加重了话语权。

1991年3月成立的萍乡制冷设备厂，可谓是白手起家，成立之初仅有8名职工、5000元资金，厂房也是租用的萍矿一中的校办工厂。就是在如此简陋的条件下，他们靠制作冷库、锚杆等产品，当年创产值达150万元。

艰难的创业赢得了一定的积累，使制冷厂看到了未来，他们紧紧抓住当时玻璃钢冷库在市场走俏的机会，南征北战迅速拓展业务。1994年，已初具规模的萍乡制冷设备厂顺应市场需求，开始向开发高、精、尖制冷产品发力。他们集中人力、物力，采取走出去学习、引进技术和与高等院校合作研制等方法，使新产品开发硕果累累。当年不仅试制成功了第一台蒸汽双效吸收式溴化锂中央空调机组，还相继开发了风机盘管、组合式玻璃钢冷藏库、房间分体壁挂式空调器和自动遥控车库门等多系列新产品。

1995年4月，该厂的双效吸收式溴化锂中央空调机组、装配式玻璃钢冷藏库、自动遥控车库门荣获了1995年江西新专利、新发明、新产品博览会金奖，房间分体式空调器系列产品获银奖。

昔日的辉煌已成为历史，勇于开拓的制冷厂员工始终没有放慢新产品的开发研制步伐。1996年，他们盯住逐渐热起来的汽车空调市场，用了一年多的时间试制成功了安源牌大客车空调，并一举通过省级新产品技术鉴定，投入批量生产。1998年9月，该厂仅用一个多月的时间又试制成功了安源牌中巴空调，从而圆了自己制造的大巴、中巴空调在市场比翼齐飞之梦。

随后，萍乡制冷厂又开始研制冷暖型汽车空调。他们盯紧市场需求，做到人无我有、人有我优。

萍矿的集体经济，是以职工家属走出家门、参加集体生产劳动、加工农副产品的形式出现的。20世纪50—60年代为起始阶段，20世纪70—80年代为发展阶段。萍矿职工家属在为国家创造价值的同时，也在实现着自己的人生价值，用勤劳的双手打造了萍矿的辉煌。

萍矿职工家属不仅照顾好了家庭，还凭借自己的双手开创了一项全新的事业——集体企业。她们从锅台灶角走出来，站在了政治和经济的舞台上，尽情展现人生的风采。萍矿职工家属工厂起始于1952—1966年，她们先后办起了缝纫社、养猪场、红砖厂、食堂、托儿所、招待所等服务业，支援主业生产，其中最值得一提的当属安源矸石煤厂。

1966年3月1日,安源矸石山上来了162位娘子军,她们戴着白帆布肩夹,自带土箕、板耙等生产工具,来到了这块沉默的废渣山上,开始了集体企业艰难的创业之路。

△ 1966年3月1日安源煤矿家属上矸石山

矸石山,原名东窑,是煤矿堆积煤矸石的地方。老萍矿因为要冶炼焦炭供应汉阳铁厂,采煤质量要求高,于是便将灰分略高的末煤连同矿渣全倒在这里,经数十年的风化,这里积淀了百万吨低质煤,这些煤的灰分在70%左右,发热量在1500大卡/千克,可供工业沸腾炉和农村烧砖瓦、石灰等。

娘子军要开发矸石山,这件事还得从一位女劳模说起。1966年春,女劳模邓清辉到北京参加全国煤矿职工家属工作会。会上,各兄弟矿务局介绍了组织女工生产自救的典型经验,以及学习了大庆家属革命化的典型经验,其中平顶山一矿为矿区有偿服务的经验介绍给了邓清辉启发,她想到矿上老工人开发矸石煤的情景,心想这给矿上女工指明了一条生产自救的道路。回萍矿她就将自己的想法向矿务局作了汇报，矿务局工会很重视她的建议，并提出口号："组织起来，开展生产自救，不要丈夫一分钱，不在家中吃闲饭。"由工会女工部牵头，组织当时家庭较困难、有脱贫愿望的职工家属，根据各矿的实际情况，发挥各自的长处，因地制宜地帮助职工家庭解决困难，各个矿都有自己具体的开发项目，其中安源煤矿就是开发矸石煤。经过召集，共组织了162人，都自带工具参加劳动，她们自称162根扁担。

带队干部是职工家属主任彭年英，1961年，她曾得到中华全国总工会、全国妇联、共青团中央及中国保卫儿童委员会表彰。动工前举行了简短的仪式。彭主任说："姐妹们，组织起来，要自己赚钱，不要吃老公的闲饭，每个人箱子里有十几块钱才好。"并要大家去做其他姐妹的工作，动员她们出来做事，使人人都有饭吃。仪式结束后，在一片欢笑声中，大家开始劳动。她们自己也没意识到，这是一种新的创业。

职工家属冲上矸石山后，就以大庆职工家属的革命精神为榜样，艰苦创业。没有雨棚，李春秀和杨志云等就利用矿上的废旧材料在山上搭起了雨棚；洗煤没有水，她们就挖沟道，搭竹笕，把山上的泉水引下来；出的粗煤价钱低，出煤率不到40%，价格只有4.5元，但四间房子那边的老工人出洗煤，出煤率达60%，价格达7元，她们决定做煤深加工。她们不懂洗煤技术，就向老工人请教，勤学苦练。通过一番努力，杨志云和周玉莲终于初步掌握了洗煤技术，一个人在4个小时就能洗25箩（约1.5吨），刘莆珍最多时洗了50多箩，创造了手工洗煤的最好成绩。冬天，她们砸开桶里的冰层洗煤。一班下来，全身湿透，一个个累得东倒西歪。后来生产工艺改进了，她们利用矸石山的自然坡度修了水渠和洗煤池，用高压水冲洗，通过一道道筛子分离，煤流进洗煤池。挑泥煤是最苦的活，须从2米深的池子里往上挑，泥煤黏黏糊糊的，又滑，不小心会跌倒，所以全都打赤脚，百余斤的担子往肩上一搁，还要快步前进。下雪天，她们仍打赤脚，人们说这多冷呵，她们说不冷，挑着担子还热呢。那时，车皮紧张，有时会半夜来车皮，她们派人打探消息，车皮一到，以鸣汽笛为信号，三声长两声短，她们听到信号后，便快步赶到装车地点，肩挑手提地装车，谁来晚了未派到班还会不高兴呢。许多男人见状说："女人们干的活比男人的还重。"

矸石山是矿区的黑沙漠。晴天，狂风四起，它飞沙扬尘，令人睁不开眼睛；雨天，它助纣为虐，泥沙俱下，湮淤道路，毁坏屋舍，填埋渣仓洞室。面对征服者，它露出了狰狞的面目，刚挑几担渣，成百上千吨的渣石滚落下

△ 娘子军手洗煤的情景

来，把工作面掩埋了。经过她们一担担锲而不舍地挑，一镐镐地啃，矸石山硬被娘子军剥离出一个乌黑的工作面来了。

劳动的第一次回报是每人6元工资，虽然少，却是自己汗水的结晶。刘莆珍老人记得，她用这6元钱买了一个脸盆、一条毛巾和一个瓮坛盖子。快过年了，家里什么也没准备，她的男人为年货发愁，她拿出积蓄买了30斤肉、一条鱼，全家人美美地过了个好年。

劳动联络了大家的感情。工作中，什么都可以讲，把痛苦的闸门打开了，心里顿时开朗起来，她们还像小孩子般快乐游戏。有一次，草丛里飞来只野鸡，大家都去捉，捉了来就地宰杀，出油的，出盐的，还有把自家的菜提来的，大家美美地聚了一次餐。黄爱贞刚做完手术就来上班，姐妹们按住她不让她干活，责备她说："你真的要钱不要命啦？"她说："在这里我心里痛快。"

她们以瘦弱的躯体一镐镐地啃，一担担地挑，终于开出了一个深百米、直径300多米，产煤量超百万吨的深坑，其不仅解决了自身的生活问题，还为矿上解决了煤矸石堆积、自燃的问题。慢慢地她们创办了更多工厂，更多的姐妹有了工作，就这样一

△ 萍矿多种经营管理局大楼（右侧第一栋）

第10章 多种经营，三分天下有其二 211

点点积累，开创了萍矿集体企业的辉煌。

为了解决职工家属和职工子女就业的问题，1979年，萍矿成立了大集体，在经营项目上，主要是挑油泥、拣块煤、筛壁沫子[*]等。1986年1月改为多种经营总公司，发展到煤炭、机电、轻化、建材、建筑、加工、商业服务等八大生产系列，并生产出有名声、有销路、有效益的100多种产品。在生产条件上，以前大多借助全民矿（厂）的车间和场地经营，到了1996年3月25日，裕华大总公司成立，全公司盖了新房子，建造了属于集体企业的厂房，总建筑面积达70184平方米，固定资产达13623万元。1995年，总产值达1.05亿元，职工总人数达1.17万人。

> [*] 萍矿人称煤矸石为壁，颗粒小的为沫子。

萍矿的多种经营产业起步较早，早在20世纪50年代就起步了。由于萍矿是中国早期煤矿之一，生产所需的很多东西还得靠自己解决，所以发展了一批煤矿实用的经营产业。后来，发展多种经营的道路才逐渐明晰。到了21世纪，萍矿的煤炭资源枯竭，萍矿人开始有了紧迫感，萍矿要生存、要发展，只能发展第三产业，从地下走上地面，开始大规模发展多种产业。萍矿发展第三产业的亮点纷呈，有的继承了传统产业，如水泥、火工、电焊条、煤焦等，而更多的则是高附加值的科技产业。萍矿发展第三产业，是站在历史的新高度来全盘谋划的，所以其起点高、规模大、效益佳、市场占有率高、市场发展前景好，这样就能保证自身立于不败之地，并能享有较长久的利好，这是萍矿发展多种经营的特点。萍矿发展多种经营产业，不仅发展了自己，还给江西省和整个国家带来了高效益，为国争了光。萍矿的"安源"牌客车在有关媒体谋划的"2004年度中国客车行业十大新闻"中位居榜首。萍矿还有一支精锐的家属队伍，她们脱离锅台、走出家门参加集体劳动，不仅解决了家庭的经济困难，还为社会创造了巨大的财富。萍矿的多种经营受到党和国家领导人多次表扬，2003年，萍矿被江西省政府评为"十大国有企业改革典型"，并被授予2002年、2003年、2004年度江西十强企业称号。

△ 被授予2002年度江西十强企业称号

第10章　多种经营，三分天下有其二

红色工业

第 11 章
CHAPTER ELEVEN

崛起的萍矿

进入21世纪以来，萍矿地下资源已开采殆尽，而人员多、包袱重是萍矿需要解决的问题。作为一家负责任的国有大型企业，必须负重前行，而唯一的出路就是从地下走上地面。世界最先进的安源管业附加值更高；煤焦让高坑人看到了希望；工程玻璃使企业站在了高科技的尖端；萍矿医院的『涅槃』，使医疗实现了质的飞跃；劳累了一辈子的煤矿人，终于走出了黑色，来到了白云和蔚蓝的大海边休养，听大海的低吟和海鸟的高叫……

1908年，盛宣怀借助萍矿的优质资产和信誉成立了汉冶萍煤铁厂矿公司，发行了中国最大一只企业股票。世纪之交，萍矿以自己强大的势力成功上市，再现了当年的辉煌。安源股份的成功上市，在萍矿发展史上具有划时代的意义，为萍矿实现可持续发展提供了强大的资金支持和制度保障，是萍矿人登上市场大舞台，实现腾飞的新起点。

上市后的安源煤业集团股份有限公司（以下简称安股公司）多次开会研究，针对公司如何规避经营风险，如何加快发展进行了探讨。通过对市场的研究，在较短的时间里成立了管道公司，使之成为安股公司新的经济增长点。上市后，安股公司不断进行技术创新，在人事、财务、工程管理、决策程序上建立了比较规范的管理制度，招聘了一批证券、工程预决算、新产品开发方面的人才，为安源股份的持续健康发展注入了新鲜血液。投入资金，对矸石电厂进行了技术改造，

△ 1908年发行的汉冶萍煤铁厂矿公司的股票

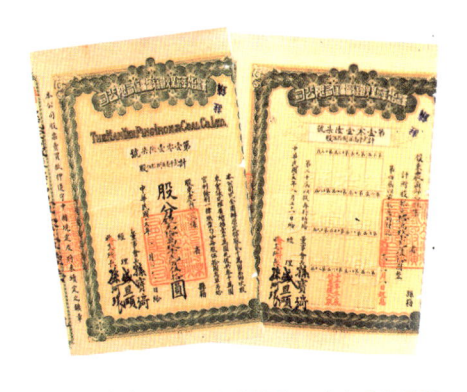

第11章 崛起的萍矿 217

使其能利用更低热值的燃料，降低了生产成本。随后，又对客车厂进行了改造，兴建了办公大楼和生产车间，使其具备了高中档豪华客车的生产规模，达到了年产车量 2000 多辆的生产规模。兴建了制冷设备厂厂房，完善了产品检测系统，提高了产品的市场竞争力。安源煤矿这个 100 多年的老矿，在不断的革新和技术改造中依旧青春焕发，保持着 80 万吨的年产煤量和可观的经济效益。白源煤业保持稳健的发展势头，实现了安全、生产、效益三丰收。

安源股份给萍矿集团带来了空前的发展机遇，募集的 4.5 亿元资金，再加上一批高附加值、高技术含量的新项目，使萍矿快速实现了从煤炭产业向非煤产业的转变。

2001 年 10 月，时任萍矿集团副总经理、安股公司董事长的徐绍芳在为安源股份上市奔波于北京各有关部门时，偶然了解到哈尔滨工业大学何轶良教授发明的钢骨架高密度聚乙烯复合管是当时国际领先的，而且这种复合管为国内首创，具有很大的发展潜力，他立即将此信息反馈给控股股东及主管单位领导，并与何轶良教授洽谈。然而，当何轶良教授得知萍矿属江西老区，又是煤炭企业时，便怀疑萍矿是否有能力做好这个项目。2001 年 12 月，萍矿集团邀请何轶良教授前来考察，当他看到萍矿人只用不到 1 年的时间就建成了投资 2 亿元、长达 530 米的浮法玻璃生产线时，他顿时对萍矿充满了信心。12 月 21 日，他便委派孙庆军与萍矿集团总经理徐绍

△ 安源管道厂

芳签订了合作建厂及设备供应安装协议。萍矿新的经济支柱——安源管道厂（今安源管道实业股份有限公司）诞生了。

随后，萍矿人用不到5个月的时间就建成了首期占地面积1万平方米的现代化厂区和厂房，以比惯例减少一半时间的速度顺利完成3条生产线的安装任务，并立即投入试产，且在试产期间就有产品打入市场。何轶良教授再次感受到了萍矿人高速度、高质量创业的决心和能力，他在2002年7月18日安源管道厂正式投产的庆典大会上充满信心地预言："萍矿人锐意进取的精神和只争朝夕的干劲，定能使安源管道做成全国一流的大企业。"

安源管道厂正式投产后，其产品的销售市场从试产期的宁波扩展到了上海、广东、福建、浙江、甘肃、湖南、湖北等近10个省、市、自治区。在不到半年的时间里，销售复合管总长近30千米，创下了国内同行业相同时间内销售量最佳的成绩。

萍矿集团十分注重安源管道厂的持续发展问题。2002年8月，安股公司控股湖北宜昌华创科技公司（以下简称宜昌华创）复合管生产线，弥补了安源管道厂的产品品种不全、生产能力不足的问题。宜昌华创以生产中小型复合管为主，安源管道厂以生产中大型复合管为主，且两家公司均生产中型复合管，这种复合管又是当时市场需求量最大的，两家整合后避免了市场的无序竞争。

2003年2月26日上午10时，深圳管业科技股份有限公司（以下简称深圳管业）在深圳科技园国际技术创新研究院举行了揭牌仪式。深圳管业是特大国有老企业实现股份制改造、建立现代企业制度的一次成功尝试，同时是安股公司投资高新技术领域、落户深圳高新科技园区的一个重大项目。揭牌仪式后，深圳管业与深圳市华圳兴实业发展有限公司等3家企业签订了超过10亿元的购销合同，实现了开门红。

"大井"原是高坑矿的代名词，从1946年赣西煤矿局第一任局长王野白起就对其寄予了很高的期望，被建设成年产煤量150万吨的江南第一大矿井。这里曾聚集了8000多名职工，每年有100多万吨煤从这里运往全国各地。自矿井投产以来，每年的煤产量从未低于100万吨，是萍矿的绝对主力。"江南第一大矿"的光环足足照耀了近半个世纪，这里更是富甲一方。萍矿机关、萍矿工人报社、萍矿机厂、地质队均曾设在这里，萍矿总医院、萍六六一厂、萍矿工人大学等在此驻足。高岗埠车水马龙、人声鼎沸。高坑矿每班叫三次汽笛，一次下料，二次放炮、瓦检、安全检查，三次才是进大班。每天早晨再加一次汽笛，是提醒小孩子到了上学时间。矿区人按照汽笛的节拍生活，从来没错过。在经济不发达、物质短缺的年代，有人说："高坑矿一发工资，全镇都闻到肉香。"可想这里当年的繁荣。

然而，由于长期超能力开采，高坑矿的煤炭资源日益枯竭，从1989年起，每年以7万吨的速度递减，到了1998年，高坑矿的年产煤量由最高的155万吨下降为20万吨，职工也由8000多人锐减至2000多人。煤炭产量的锐减、人员的减少、机构的缩编，已不再见当年的繁盛景象。一位女作家说："高坑矿已经没有当年的生气了。"

高坑矿难道要就此堕落下去吗？高坑矿的领导班子经过决策，认为高坑矿应该重整旗鼓，浴火重生。

他们选择的项目是：创办焦化厂，进行煤炭深加工，从而再现高坑矿的辉煌！

2003年的冬天，萍乡焦化有限责任公司的主厂区所在地——高坑火车村还是成片低矮破旧的平房，几百户几十年来居住在这里的职工和家属的心头仍笼罩着原高坑矿破产时留下的阴影。虽然民主村危房改造工程让人家看到了希望的曙光，但大家明白，矿区要发展没有产业支柱是不行的。正是基于这一点，江西省煤

△ 萍乡焦化有限责任公司40万吨续建项目开工仪式

炭集团公司、萍矿集团的领导始终关注着高坑矿这个曾名噪大江南北的江南第一大矿井的前途与命运，他们一直在寻找让高坑矿走出破产阴影的阳光大道。通过大量的市场调查研究，结合高坑矿的实际，萍矿集团在萍乡市安源区高坑镇党委政府的大力支持下，毅然决定在火车村建一座现代化的焦化厂。一时间，人们欣喜、激动。然而，要建厂就要大拆迁，就要人们割舍对这块土地深深的情谊，但为了高坑美好的明天，许多职工和家属毅然选择去租民房住；有的人挥泪告别这片热土，回到乡下老家居住。杨开根、吴绍兰等70多岁有着几十年党龄的共产党员组成了义务搬家队为居民服务。高坑镇无偿划拨了几十亩土地，村民们主动搬迁，这体现出了社会主义大家庭的精诚团结。为了高坑美好的明天，大家认为这一切都是值得的。

是呀！为了美好的明天，值！在工厂建设期间，筹备处的人们付出了他们认为值得的智慧，承建单位的员工付出了他们认为值得的汗水。他们没有休过一个周末，没有8小时工作制的概念。尽管是边设计边施工，期间遇到了许多困难，但通过集体的智慧，所有的困难都迎刃而解了。自2004年5月开始，筹备处便派人到河南、江苏等地监督供货厂家的产品质量，陈新萍、刘洪等人几个月在水土不服的异乡日夜忙碌。陈新萍3个月只回过一趟萍乡，返萍后只到单位向经理汇报了工作，便又奔赴千里之外的河南。他们觉得，为了焦化厂，这一切都值得。

这种舍小家、顾大家的精神不止体现在陈新萍一人身上，从总经理到普通员工，大家均是废寝忘食。2004年12月底，似乎是上天要考验焦化厂的员工与建设者们。江西的天气异常寒冷，雨雪交加，冷得令人难以承受。恰恰这个时候，焦化厂进入了出焦倒计时攻坚阶段，许多人把铺盖拿到厂里，大家在雨雪中摸爬滚打，经常是外面的衣服被雨雪打湿了，里面的衬衣被汗水浸湿了。稍停顿小憩，就冷得直打哆嗦，但这吓不倒这些铮铮铁汉。职工们以老黄牛的精神24小时辛勤耕耘，眼睛熬红了打个盹，病了就硬挺过去。许多人进班拼命干，出班打吊针。经过一年的努力，一座现代化的焦化厂拔地而起，呈现在人们的眼前。

2005年1月16日，高坑焦化厂第一期工程完工，炼出了第一

△ 高坑焦化厂全貌

炉焦，年产焦量达 30 万吨，年产值达 4 亿元；二期工程于 2009 年年初建成投产，年产焦量达 40 万吨；两期合拢，年产焦量达 70 万吨，产值可达 10 亿元。另有副产品煤气、苯、干熄焦发电等，年总产值可达 15 亿元。有 480 名职工完成了身份和工作的转换。

安源工程玻璃厂是安源实业股份有限公司投资建设的新型骨干企业，属江西省重点建设项目。安源工程玻璃厂占地 500 亩，位于萍乡高新技术工业园北区，工厂依山傍水，空气清新，楠竹碧绿，风景迤逦，是一座现代化的园林式工厂。

安源工程玻璃厂于 2003 年 5 月 28 日奠基动工，主厂房面积 28890 平方米，项目一期投资 3 亿元。安源工程玻璃厂项目是经过充分调研论证、中国国际工程咨询公司评估、国家发展和改革委员会立项批准及江西省计委对可行性报告批复建设的，是一座科技含量高、投入产出比高、产品附加值高的现代化高新技术工厂。

安源工程玻璃厂从立项到建设，以高视角、高起点跻身世界一流玻璃深加工企业行列。建厂初期考察学习了美国、德国、奥地利、芬兰、意大利等国的先进技术和先进管理经验，引进了德国 VONARDENNE 公司的镀膜生产线、奥地利 LISEC 公司的中空生产线和芬兰 GLASSROBOTS 公司的钢化生产线，安源工程玻璃厂是一座具有现代化技术装备的世界一流工厂。

安源工程玻璃厂的建设者们以特别能吃苦和只争朝夕的精神，从奠基动工到第一块钢化玻璃试产成功，仅用了208天。2003年12月22日，钢化生产线投入试生产；23日，进口中空生产线投入试生产；2004年1月2日，第一车中空玻璃销往省外市场。6月18日，第一批低辐射中空玻璃试销市场。安源工程玻璃厂以北京、

△ 安源工程玻璃厂成品装载线

上海、广州为轴心，建立了南北两大销售网。试产期间，其产品远销深圳、北京、上海、长沙、成都、南昌等地，以及国外市场，用户好评如潮。

随着我国经济的快速发展，城市化进程加快，人民生活水平日益提高，具有环保、节能功能的玻璃深加工产品拥有更广阔的市场。萍矿是江西省唯一一个浮法玻璃生产企业，拥有年产玻璃400万重量箱和500万重量箱两条生产线，为玻璃深加工和做大做强玻璃产业提供了条件。安源工程玻璃厂项目达产后，可年生产低辐射玻璃及复合产品200万平方米，实现销售收入3.4亿元。玻璃深加工，尤其是节能环保的低辐射中空玻璃，是我国近几年发展起来的高科技新型建材，是朝阳产业，具有广阔的市场前景。安源工程玻璃厂将依托萍矿集团和安股公司最大限度地优化产品结构，组建精干的营销团队，尽快开拓和占领市场，努力打造中国玻璃深加工的航空母舰。

传说有一种不死鸟，名字叫凤凰，它经过浴火重生，变成了金凤凰。如果世间真有这种金凤凰，那就是萍矿职工医院了。

萍矿职工医院（最初为安源煤矿医院）诞生于1904年，是中国较早建立的煤矿西医院之一。医院总面积300多平方米，有门诊室、X光室、小型手术室、器械科等，设有诊疗室、疗养室、割症室等。除西医外，聘中医3人，建有中医诊疗所，于西马路第一寄宿舍内；开设官药局一所，于半边街。共有医务人员20

名。全年收入1.4万元。当时萍矿有工人12000多人，这点儿医疗资源只够供应400多名职员和社会名流使用，据《汉冶萍公司事业纪要》记载：工人"因公受伤者，送医院医治"。但萍矿工程师朱洪祖所撰《江西萍乡煤矿》指出：工人"一旦有病，不论轻重，均听诸神命"。

中华人民共和国成立后，萍矿职工医院的医疗水平有了很大的提高，业务范围也不断扩大，能做肺叶切除术、心导管、肝肾穿刺术、脑外科、断肢再植等。到了20世纪80年代，医院有床位500张，职工600多人，科室齐全，专科人才济济，并不断引进新技术、新设备，有大型X光机2台、中型X光机2台，还有B型超声波机、M型超声波机、A型超声波机、心电图机、脑电图机、脑血流图仪、同位素扫描仪等，是江西省最大、最完备的工矿医院。

为了提高萍矿职工医院的医疗水平，萍矿与湖南湘雅医院合作，成立了湘雅萍矿合作医院。2003年11月1日，引人注目的萍矿又一重大工程——湘雅萍矿合作医院大楼在市区昭萍东路长兴立交桥南畔动工兴建，2006年6月23日，正式开业运营。该医院占地39亩，地下2层，地上22层，地面建筑高80米，总建筑面积5.3万平方米，耗资1.8亿元。湘雅萍矿合作医院是当时萍乡，甚至赣西档次最高、设施最先进、医疗技术最好、服务质量最优的非营利性的，集医疗、预防、保健、科研、教学于一体的大型综合性医院。

医疗大楼建成后,便开始整合医疗资源,添置先进设备,引进高素质的医务人才,提高医疗质量和服务水平,开展全程导诊服务,做到"看病有人引,手续有人办,检查有人陪,住院有人送",使医院成为设施先进齐全、服务质量一流的大型现代化医院。

同时,医院经国家安监总局矿山医疗救护中心核定设立为国家医疗救护中心萍乡分中心(省级分中心),经江西省煤炭集团公司审批设立为江西煤炭总医院。

2017年9月19日,经江西省卫计委发文确认,湘雅萍矿合作医院正式成为三级甲等医院。

"月池度假村",一听就是一个美丽的地方。2003年11月4日,

△ 湘雅萍矿合作医院综合大楼

从巍峨的武功山下、美丽的大安河畔、碧水青山环抱的萍矿林场传来了响彻云霄的喜炮声，萍矿人披星戴月，仅用了5个月的时间就顺利建成的月池宾馆竣工开业了。月池宾馆的竣工开业是林场认真贯彻落实集团公司"抓住武功山旅游开发机遇，构建林场发展新格局"精神的具体体现，标志着萍矿林场产业转型已经开始。

萍矿集团在调整产业结构中，为策应武功山旅游开发，为林场确立了建设旅游度假中心、发展花圃苗木等开发改造项目。林场抓住机遇，在巩固林业生产的基础上，兴建了月池度假村，组建了园林绿化公司，开发了东风林场。月池度假村由月池宾馆、月池山庄别墅群、东风休闲山庄等组成，总面积为3300平方米，按三星级标准装修，设有不同规格的会议室多间，有标准住房50

△ 月池旅游度假中心

第11章　崛起的萍矿　229

多间、床位 130 多张，与翻修一新的休养院一起能接待 300 多人住宿，可承办各种会议和培训班，可为入住人员提供吃、住、行一条龙优质服务，进一步完善后，这里将建成集旅游、休闲、娱乐、观光、度假、会议承办于一体的服务基地。由 60 栋别墅组成的月池山庄别墅群正于林场场部秀美山林中兴建。东风休闲山庄已初具雏形，正在开发生态旅游项目。届时，盆景苗木区、无公害蔬菜区、珍贵植物观赏区、吊脚楼、池中垂钓等将为游客提供全面的生态体验。

桂林洋度假村是改革开放大潮中，萍矿人向我国沿海地区探出的一根触须。改革开放后，沿海地区的人赚得盆满钵满，这使不沿海的萍矿人既惊讶，又羡慕。心动不如行动，萍矿人满怀虔

△ 萍矿海南桂林洋度假村

诚到海南"淘金"。祖辈的教诲是"种瓜得瓜种豆得豆",只要肯流汗就一定会有收获。海南的天是热的,海南的风是腥的,海南的水是动荡的。萍矿人迎着热风、海腥味、海浪,遵循着祖训,一步一个脚印地拼搏,在充满腥臭味的鱼市场收售海鲜,骑辆破自行车顶着炎炎烈日为公司揽生意,搜索枯肠替公司出谋划策,经历了一次次刀光剑影般严酷的考验,终于建成了这独具南国特色的度假村。

桂林洋度假村占地面积近40亩,由1座主楼、8栋别墅组成。院里绿草茵茵,花团锦簇,环境极其优美。出了院门是一条马路,马路对面是椰树组成的防护林,过了防护林便是大海,所以住在桂林洋度假村就是住在大海旁边。白天能听到海鸟的高叫,夜晚可听到大海的低吟。

为了化解市场风险,桂林洋度假村是萍矿集团与中国能源化学公司、江西省煤炭集团公司合办的。2006年3月17日,海南省海口市旅游局为度假村授予三星级牌匾,并宣读了授匾决定。从此,一批批身上带着炮烟味儿的矿工,坐着火车、乘着轮船或飞机,来到这海风椰韵的地方,享受着南国风情的别样风姿。

高坑矿是江南大矿,1967—1991年,年产煤量都在100万吨以上,历史最高年产煤量为153.7万吨。但自改革开放以来,高坑矿在"有水快流"政策的推动下,小煤窑疯狂发展,高坑矿周边就建起了400多座。小煤井乱采乱掘,甚至有的开在大井运输涵洞边、铁路下，深入高坑矿保安煤柱，造成立井井筒变形，罐笼无法下放，高坑矿只好收缩产能、废弃大井，从洗煤厂的皮带道运输物资和煤。进入 21 世纪以来，高坑矿年产煤量只有 20 万吨，出现连年亏损。2001 年，关井压产，高坑矿彻底关闭了。

可是关闭后的高坑矿还有 560 多亩土地，还有很多职工需要安排工作，怎么办？萍矿认识到：这些土地可以被充分利用，可以走绿色环保的道路。当时发展光伏发电产业最风行，政府也有鼓励政策。

萍乡江能光伏电业有限公司于 2015 年 8 月成立，矿工们填平了矿坑，拆除了废弃的铁路，搬走了无用的煤桶，平展了土地。总投资 1.67 亿元，规划容量为 20 兆瓦，年均上网发电量为 1855.32 万度。如今，那些往日挥动着风镐、岩尖挖煤的汉子们，他们轻松地拿起水管喷洒，洗掉面板上的灰尘，除除草、看看仪

△ 光伏发电采光场

△ 光伏发电控制室

表，既环保又轻松，真正实现了从地下向地面的转移。

进入21世纪以来，萍矿的发展战略更加明晰，即从井下走上地面。萍矿地下资源已经枯竭，而人员多、包袱重是萍矿需要解决的问题，作为一家负责任的国有大型企业，不能将包袱丢给地方，而应该负重前行。但怎样负重前行？只能是从地下走上地面。通过安源股份上市融资，在市场上掌握了更大的主动权，便开始向更大的目标发力，于是，一个个新的三产项目闪亮登场：世界最先进的安源管业附加值更高；煤焦让高坑人看到了希望；工程玻璃使企业站在了高科技的尖端；萍矿医院的"涅槃"，使其医疗水平有了质的飞跃；劳累了一辈子的萍矿人终于走出了黑色，来到了白云和蔚蓝的大海边休养，听大海的低吟和海鸟的高叫，是多么幸福呵！

红色工业

第 12 章
CHAPTER TWELVE

推进战略重组,让希望的航船扬帆远航

进入21世纪，我国经济结构调整处于重要时期，国内企业纷纷出手博弈，掀起了一股新的并购重组风潮。经历过近百年风雨洗礼的萍乡煤矿再一次迎接挑战。分析局势，制订计划，推进战略重组。

2003年后的5年正是"十五"后期和"十一五"开局，是我国经济结构调整的重要时期，国内企业纷纷出手博弈，掀起了一股新的并购重组风潮。面对经济全球化、竞争国际化的滚滚洪流，经历风雨沧桑的百年萍矿再次站在了风口浪尖经受考验。萍矿在长期的发展过程中，受资源影响和自身生存发展的需要，萍矿的非煤产业经过不断发展，形成了"以煤为本、多业并举"的多元化产业格局。进入21世纪后，随着安源股份的成功上市，萍矿多种经营步入了一个快速发展时期，浮法玻璃、工程玻璃、钢骨架复合管、煤焦化等一批新型产业迅速崛起，还投入了巨资对客车厂、电厂、火工厂、机械厂等一批骨干老厂进行了全面、大规模的技术改造，为企业的发展搭建了广阔的平台。

　　按照企业战略理论，企业多元化发展到一定程度就应该进行归核，以保持自身的竞争优势。经过多年艰苦探索和努力攻坚，萍矿改革调整迈出了重要一步。但进入"十一五"后，萍矿仍面临着下属单位多、资源分散，管理跨度大、成本高，难以形成互补优势和发挥整体效应的问题。加快战略调整、推进产业聚集，破解结构布局分散、竞争力小的不足与风险，通过企业重组和产业结构优化升级促进经济增长方式转变、实现集约发展是萍矿的一项重要任务。为此，2006年，萍矿提出了"调整、巩固、完善、提高"的发展思路，在巩固和发展煤炭主业的同时，立足自身优势，加快传统产业整合，开始了新一轮以资产重组为核心的改革创新，这标志着萍矿非煤产业进入了新的发展阶段，萍矿正在经历一次历史性的发展新跨越。

组建中鼎国际工程有限责任公司是萍矿深化改革、战略重组迈出的重要一步，书写了萍矿人进军国外市场的精彩一笔。为寻求发展，早在20世纪90年代，萍矿人就走出国门、开拓国外工程，开展对外贸易，先后在阿尔及利亚、喀麦隆、尼泊尔、阿联酋、马来西亚、泰国等国承揽建设工程、开办医院和煤矿。16年来，已经形成了在非洲以阿尔及利亚为中心、在中东以阿联酋为中心、在南亚以尼泊尔为中心、在东南亚以马来西亚为中心的多

△ 中鼎国际工程有限责任公司成立大会

产业项目架构。为充分利用国际、国内两个市场、两种资源，做强、做大外经产业，2006年，萍矿以前瞻性的眼光整合了原萍矿国外工程公司、萍矿建筑安装总公司、萍乡市景泰房地产公司、萍矿矿山建设公司、江西省煤炭综合利用设计院5家企事业单位，注资3亿元组建了中鼎国际工程有限责任公司，成为江西省首家改制的骨干外经企业。整合组建的中鼎国际工程有限责任公司将集中优势，大力实施煤电产业、建筑工程及房地产开发跨国经营战略，由以前主要以承揽工程、劳务输出为主向以资本、技术输出为主，承揽工程、劳务输出和机电产品进出口并进转型。海外产业目前是萍矿发展速度快、成长性好的产业之一，2007年签订的海外合同额达6.02亿元，印度尼西亚朋古鲁煤矿、泰国仁爱屋工程开工有序。

随着中鼎国际工程有限责任公司的成功运作，萍矿战略重组进入全面推进阶段，一个个大手笔、大制作闪亮登场，再次显示了萍矿人义无反顾、敢于创新的非凡胆略和气魄。策应萍乡市武功山旅游开发，对月池矿泉水公司、月池度假村、高雅休闲中心等存量资产进行整合，组建了武功山休闲旅游服务有限公司，将旅游和休闲进行结合、将养老和城市服务等新型产业结合起来，做大、做活旅游休闲养老产业。高坑电厂、安源电厂和原电力公司三家单位以前互不隶属、自成体系，资源得不到共享，企业发展后劲不足。2007年3月，萍矿集团站在企业发展战略的高度，将两家电厂与电力公司整合组建成新的电力公司。自新公司成立以来，通过实行"垂直管理"，激活了企业的潜力和发展动力，使发电成本大大降低，2007年1—7月比2006年同期减亏130万元。中兴机械电器制造有限责任公司是由机械厂、焊接材料厂、制冷设备厂、安源热能设备厂、科能节能技术公司、通程汽车服务公司和托管的安源管道公司7家企业资产重组成立的。为了在新的起点谋求新的发展，中兴机械电器制造有限责任公司坚持"科学发展，大胆创新"的工作思路。自2007年4月挂牌成立以来，公司通过大规模管理创新和制度建设，励精图治谋发展。

企业战略重组的实施，重新调整了企业的产业布局和发展方向，为萍矿的发展打开了新的视野、带来了新的机遇。全公司企业数量减少了2/3，小企业变成了大企业，资源优势和整体效应得到了充分发挥，大大增强了企业的市场适应能力和竞争能力，为企业又好又快地发展奠定了基础。

萍矿是中国第一个在近代工业中敢吃"螃蟹"的人。1898年，盛宣怀以上海洋泾浜一带家产作抵押，向德国礼和洋行借款400万马克（约合白银150万两），开办了萍乡煤矿。经过近百年的发展，截至1990年，萍矿已经从一家煤矿发展成了7矿7厂，跻身中国企业500强。

改革开放后，萍矿更是走出了国门，从国外引资到国外投资，从安源走向世界，尽展萍矿人的魅力！

1990年，萍矿第一次走出国门，承建了阿尔及利亚西米迪加14000公顷*农田灌溉工程项目。此后近十年的海外创业，萍矿主要以分包形式承揽工程，没有形成属于自己的品牌和产业。直到2002年9月，原国外工程部经改组成立了萍乡矿业集团国外工程公司。新成立的公司作为萍乡矿业集团下属子公司，代表萍矿集团行使外经、外贸、外事、外派劳务的职责，实行自主经营、自负盈亏、自我约束、独立核算，为一家可以直面市场的企业。萍矿的海外事业从此才开始真正有所突破。

* 公顷，公制地积单位，1公顷=10000平方米。

萍乡矿业集团国外工程公司在企业与市场连接上做文章，迅速建立了公司总部、海外经理部、项目组三级管理制度，实现了

△ 萍矿承建阿尔及利亚西米迪加灌溉工程

第12章 推进战略重组，让希望的航船扬帆远航 241

企业人、财、物的统一调度和优化配置,项目管理和市场开拓力度明显增强;根据企业自身的优劣势,对公司的目标市场进行了定位,将公司的专业经线定位于建筑市场;目标纬线定位在发展中国家的中低端市场,提出了"充分利用国际国内两个市场、两种资源,把两头做大做强"的市场理念。

机遇总是青睐方向明确、锲而不舍的人。自 2002 年 9 月萍乡矿业集团国外工程公司成立以来,萍矿在阿尔及利亚第一次以自己的名义投标比斯卡省乌达亚区域农业水利整治项目,阿尔及利亚奥兰城市集中排污项目、西谢里夫农田灌溉项目、期吉科达城市和郊区排污项目、君士坦丁堡城市热电排污项目、国家排污行政大楼项目、贝地瓦城市排污项目、普拉扎房地产开发项目、赫利赞省大学城项目、蒂巴扎省 1800 套住房工程等新业务、新项目接踵而来。渐渐的,尼泊尔、泰国、印度、阿联酋、利比亚等国的土地上都留下了萍矿海外拓业者们奋斗的足迹……萍乡矿业集团国外工程公司组建之初,实收资本为零,开拓海外业务资金均从萍矿集团结算中心贷款,经过几年的积累、巩固和发展,截至 2006 年 6 月底,萍乡矿业集团国外工程公司总资产达 26158.64 万元(不含尼泊尔印德拉瓦迪 3 号水电站项目)。从此,萍矿海外事业进入了自主品牌征服市场的时代!

当萍矿在阿尔及利亚工程承包市场取得突破性发展的同时,中鼎国际工程有限责任公司总经理胡立俭和萍乡矿业集团国外工

△ 阿尔及利亚奥兰千年大道开发区

△ 阿尔及利亚首都机场塔楼项目

△ 阿尔及利亚奥兰城市集中排污项目
　地下廊道施工现场

程公司又将目光投向对外投资市场。胡立俭说:"承包工程是短平快,项目做完了就结束了,对外投资是长期的收益,中鼎国际要长期地、可持续地发展,必须长短结合。"萍矿开始从国际承包到以资本为纽带、以技术和资产为支撑的战略转移,投资、承包双

第12章　推进战略重组,让希望的航船扬帆远航　243

管齐下，海外事业做得风生水起。

2003年6月，萍矿在境外的第一个投资项目马来西亚阿勃克煤矿破土动工。2004年4月，短短10个月，项目建成投产，年产煤量18万吨，开采期限15年，并在随后的一年多时间里便收回了投资成本。而国内一个同等规模的煤矿至少要投入10倍于此的资金。阿勃克煤矿投资开发建设的成功，使萍矿的品牌战略再次延伸。这次经典的资本运作，在马来西亚、印度尼西亚乃至整个东南亚地区引起了广泛关注。2006年，萍矿又与印尼维查雅集团签订了投资开采朋古鲁煤矿的协议。该矿设计年产煤量60万吨，总投资750万美元，开采期限20年。2008年5月，在江西（香港）招商引资周上又与印尼维查雅集团签订了投资开采印尼朋古鲁煤矿二井的协议，投资规模更大，实施机械化开采。

在境外投资开发煤矿，符合党中央、国务院加快实施中国企业"走出去"的发展战略方针，也是萍矿充分发挥传统煤炭产业

△ 马来西亚古晋阿勃克煤矿煤场

△ 中国工人与外籍员工在一起

相对竞争优势，实现海外跨越式发展和资源枯竭型企业可持续发展的战略选择。

2006年12月27日，萍矿集团将旗下的国外工程公司、建筑安装公司、房地产开发公司、矿山建设公司、煤炭综合利用设计院整合，组建了独立法人企业——中鼎国际工程有限责任公司（以下简称中鼎国际），注册资金3亿元。

对相关资源进行整合，改善管理机制，建立适合市场化、国际化要求的具有独立法人地位的国际公司，实现由较为单纯的承包工程、劳务输出向以资本、技术、管理输出为主，承包工程、对外投资、劳务输出和进出口贸易并举的转型，是萍矿在政治多极化，经济全球化、区域化，文化多元化的国际背景下，国内各级政府都在大力支持的中国企业"走出去"发展战略的背景下，做出的跨国发展的历史选择。

第12章 推进战略重组，让希望的航船扬帆远航

△ 中鼎国际工程有限责任公司

中鼎国际的成立，从两个方面展现了萍矿的变化：一是萍矿在某种程度上已经实现了"从地下到地面，从国内到国外"创业发展三级跳；二是萍矿"出国办"这支远征的舢板经过多年的打造，终于以一艘崭新的旗舰展现给世界。

如今，中鼎国际已经脱离了它的母体——萍矿。2019年2月15日，商务部发布《2018年我国对外承包工程业务完成营业额前100家企业》榜单，中鼎国际工程有限责任公司位列第86名。

集约化生产是现代企业发展中必然要走的路。萍矿在数十年的发展中，先是围绕主业发展多种经营；继之环绕市场开发适销对路产品；为了做强做大企业，不断强化和发展同类企业，以便在市场竞争中提高占有率。萍矿各单位发展的思路基本一致，产品种类也基本相同，这样就形成了同质竞争、政出多门、效益低下的现象。萍矿将此类同质企业整合，形成一个拳头到市场去拼杀，这样减少了中间环节，企业如同一部整机在运转，机制活了，效益也提高了。

萍矿人的眼光不是只盯在国内市场上，他们还把目光瞄准了海外市场。百余年前，盛宣怀借钱开发萍矿；百余年后，萍矿开始用自己的资金和技术向海外进军，占领国际市场。

海外工程拓展了萍矿人的视野，萍矿在海外掘得第一桶金后，开始谋求更大的发展：在海外再造一个萍矿。于是，一个个海外项目闪亮登场。如阿尔及利亚排污工程、马来西亚阿勃克煤矿、弯岛煤矿、印尼朋古鲁煤矿、60万吨的BENGUIU煤矿和承包年产30万吨的PADAG煤矿，泰国5000套仁爱屋、喀麦隆合作医院、尼泊尔的水利，海外工程部分项目甚至已经超过了国内工程，在海外再造一个萍矿的愿望已经实现，这是萍矿人"走出去"发展战略取得的胜利。

萍矿人凭着"义无反顾、敢为人先"的安源精神，在时代的浪潮中奏出了最强音。

参考文献

［1］中共萍乡市委《安源路矿工人运动》编纂组. 安源路矿工人运动（上册）［M］. 北京：中共党史出版社，1991.

［2］中共萍乡市委《安源路矿工人运动》编纂组. 安源路矿工人运动（下册）［M］. 北京：中共党史出版社，1991.

［3］张振初. 工人生活透视［J］. 安源轶事，1995：55.

［4］张振初. 矿山悲歌［J］. 安源轶事，1995：193.

［5］刘善文，杨桂香. 毛泽东到萍矿和安源从事革命活动究竟是几次［M］//安源路矿工人运动史研究文汇，南昌：江西人民出版社，2002.

［6］黄爱国. 关于我国产业工人中第一个党支部若干问题的考证［M］//安源路矿工人运动史研究文汇，南昌：江西人民出版社，2002：213.

［7］习近平. 在纪念刘少奇同志诞辰120周年座谈会上的讲话［EB/OL］.（2018-11-23）［2021-02-28］. http://politics.people.com.cn/GB/n1/2018/1123/c1024-30418692.html.

［8］邓中夏. 中国职工运动简史［M］. 郑州：河南人民出版

社，2016.

［9］湖北省档案馆．汉冶萍公司档案史料选编（上册）［M］．北京：中国社会科学出版社，1992.

［10］黄爱国．安源路矿消费合作社发行的股票［M］//安源路矿工人运动史研究文汇，南昌：江西人民出版社，2002.

［11］刘善文．安源路矿工人运动史［M］．上海：上海社会科学院出版社，1993.

［12］萍乡市中共党史学会，安源路矿工人运动纪念馆．湘赣边界秋收起义史［M］．南昌：江西人民出版社，2007.

［13］毛泽东．关于纠正党内的错误思想［M］//毛泽东选集：第一卷．北京：人民出版社，1991.